김병완의 행복학 시리즈
3부작 제1권

행복도 기술이다

김병완

행복도 기술이며, 전략이며, 실력이다.
그러므로 무조건 행복하라

플랫폼연구소

김병완의 행복학 시리즈 3부작 제1권

제목: 행복도 기술이다

부제: 아는 만큼 누리고, 깨닫는 만큼 성공한다

인생에 주어진 의무는 다른 아무것도 없다네.

다만 행복하라는 한 가지 의무뿐,

우리는 행복하기 위해 세상에 왔지. <헤르만 헤세>

Prologue / 성공을 위한 단 하나의 법칙

모든 사람은 성공을 꿈꾼다. 그러나 누구에게나 성공의 길이 열리는 것은 아니다. 진정 최고가 되는 사람은 소수에 불과하다. 경제적인 성공만이 성공은 아니다. 사회적인 명성이 성공의 목표도 아니다. 진정한 성공은 타인의 평가가 아니라 스스로 얻는 것이기 때문이다.

성공을 꿈꾸고 그것을 위해 노력하는 것은 결국 자신과의 싸움이다. 선택한 것에 대한 용기와 실천, 그리고 자신에 대한 믿음만이 성공의 열쇠라는 뜻이다.
자신은 아무런 재능이나 능력이 없다고 한탄하는 사람이 있다. 그래서 성공하지 못한다고 말한다. 남들보다 재능이나 능력이 없으니 어쩔 수 없다고 좌절하기도 한다. 과연 재능이 없어서 성공하지 못하는 것일까?

결론적으로 말하면 성공은 재능으로 하는 것이 아니다. 재능만 갖고 성공하는 사람은 없다. 물론 재능이 있다면 도움은 되겠지만 재능이 곧 성공과 같지는 않다. 도전과 실천 없이 재능만으로는 아무런 결실을 얻을 수 없기 때문이다.

성공한 사람 중 스스로 재능이 많다고 생각하는 사람은 그리 많지 않다. 오히려 부족한 것이 많다고 말한다. 그렇다면 과연 어떤 점이 그들을 성공으로 이끌었을까? 그것은 자신에 대해 신뢰했기 때문이다.

'자신이 없다' 란 말은 '의욕이 없다' 라는 말이다. 따라서 성공을 방해하는 것은 외부에 있는 것이 아니라 자신의 내부에 숨어 있는 것이다. 더 나아가 실력이란 이 내적인 적을 타파하는 정신력과 행동력이다.

그렇다면 그런 내적인 적을 이기는 방법은 무엇일까? 가장 중요한 것은 모든 것을 부정적으로 생각하는 고정관념을 버리는 것이다. 폐쇄적인 고정관념을 갖고 있으면 처음부터 일이 순조롭게 풀릴 리 없다.

어떤 일이 생겨도 좋은 면, 밝은 면만 보면서 가능성을 발견하는 플러스적인 사고를 가져야 한다. 그리고 어떤 어려움이 생겨도 긍정적으로 생각하고 적극적으로 도전하는 용기를 가져야 한다. 무슨 일에든 도전해 본다는 자세를 가진다면 이미 절반은 성공한 셈이 된다.

이 책을 쓰게 된 동기는 더욱더 행복하고 성공적인 삶을 살 수 있는 길을 제시하려는 것이다. 물론 이러한 내용을 다루고 있는 책들은 서점에 가든, 가지 않든 차고 넘치는 것이 우리가 사는 현대의 현실이다. 하지만 책 대부분이 행복과 성공을 별개로 나누어서, 행복하기 위해서는 성공하지 않아야 한다고 말하는 책이 많거나, 아니면 아예 성공하면 행복해질 수 있다는 뉘앙스를 풍기면서, 성공과 부를 획득하는 것이 최고로 좋은 인생을 살아 가는 것인 양, 그것을 획득하기 위한 비법과 방법을 다루고 있는 책들이다.

하지만 이 책은 이런 부류의 책들과 다르다. 달라도 매우 다르다. 왜냐하면 성공과 행복을 나누거나, 행복이 성공의 종속변수라고 말하지 않기 때문이다. 오히려 성공이 행복의 종속변수라고 말한다. 이 책은 필자처럼 참된 행복과 성공의 길을 찾으려고 수많은 자기계발서를 뒤적이거나, 많은 고민과 사색을 하고 있을 독자들을 위해 쓴 책이다. 그런 독자들의 시간과 노력을 아껴주고 인생을 이전보다 더 행복하게 살면서, 동시에 충만하고 풍성한 성공적인 삶까지 살 수 있도록 조력해 주기 위해서이다.

이 세상에는 수도 없이 많은 책이 존재한다. 그리고 그 책들이 주장하는 내용 또한 천차만별이다. 그래서 어떤 책을 읽었느냐에 따라서 삶이 바뀌고 인생의 길이 달라질 수 있다. 그렇다면 이 책의 독자들은 어떤 인생의 길로 가게 될까?

이 책을 통해 제시하고자 하는 삶의 길은 행복만을 제일 우선시하는 그런 길이 아니다. 행복과 동행하면서 목적지는 성공이라는 인생의 길이다.

세상이 변하고 시대가 달라졌기 때문에 과거에는 존재하지 않았던 삶의 다양한 길들이 생겨났다. 그리고 이 책에서 제시하고자 하는 삶의 길 또한 시대의 변화로 인해 새롭게 생겨난 인생의 길 중 하나이다.

새로운 시대를 살아가야 할 새로운 인류에게는 이전의 인류가 살아온 방법이 아닌 새로운 방법과 전략이 필요하며, 그러한 새로운 방법과 전략은 바로 새로운 인생의 길을 가기 위한 지도와 같은 것이라고 볼 수 있다. 그리고 그러한 새로운 전략과 방법이 바로, 이 책이 새롭게 주장하는 '행복학'이라는 전략과 방법이다.

시대가 바뀌었고 그로 인해 그 시대를 지배하는 패러다임도 역시 바뀌었다. 이것을 부정할 수 있는 사람은 아무도 없을 것이다. 그리고 무엇보다 행복의 패러다임이 과거 수십 년 전에는 도저히 상상도 할 수 없을 만큼 크게 근본적으로 바뀌었다.

이러한 이유로, 새로운 시대를 살아가는 신세대들에게는 과거의 성공 전략과 법칙들이 모두 무용지물이 되었거나, 아니면 별로 효과가 없어 있으나 마나 한 것들이 되었다. 새로운 시대에는 행복하고 성공하기 위해서는 그 시대가 요구하는 새로운 전략이 필요하다.

이 책은 신세대라고 해서 젊은 청년, 청소년들로만 국한하지 않는다. 신세대라고 함은 거대한 변화의 물결 속에 살아가야 할 새로운 인류를 말한다. 그래서 나이가 많든 적든 이 시대를 살아가야 할 사람은 모두 신세대인 셈이다.

그래서 이 책을 읽어야 할 독자들은 나이에 불문하고 유연한 사고방식과 열린 마음을 가지고 있는 사람들, 나이가 아무리 많아도 꿈을 포기하지 않고 간직하고 있는 사람들, 꿈을 잊은 지 오래되었다 해도 다시 새로운 꿈을 기꺼이 꾸고자 하는 용기 있는 사람들이다.

왜 이 책은 특별한 책일까?

이미 성공의 비결과 방법을 제시해 주는 성공도서는 서점에 가면 차고 넘치고 있다. 그런데도 또 성공 도서를 쓴 이유는 무엇인가? 그리고 왜 이 책이어야 하는가? 다른 책들도 많을 뿐만 아니라, 이미 베스트셀러가 되어 수많은 이들이 읽고 용기와 힘을 얻은 그런 책들이 많은데 말이다.

그 이유는 앞에서 잠깐 언급했듯이, 이 책은 기존의 다른 자기 계발 도서와 약간 다른 패러다임의 책이기 때문이다.

자꾸 다르다고 말만 하고, 구체적으로 무엇이 다른지 왜 설명하지 않는가? 하고 궁금해하는 독자가 있을지 몰라, 서문에서 약간 밝히자면, 기존의 수많은 성공 도서가 성공의 비결로 '열정' 과 '꿈' 과 '유머' 와 '노력' 과 '목표 설정' 과 '긍정적인 생각' 과 '좋은 습관' , 그리고 심지어 '바보 같은 우직함' 등과 같은 다양한 것들을 꼽고 있다. 하지만 이 책은 이러한 시각에서 조금 벗어나 성공의 비결로 성공의 결과로 얻게 될 수 있다고 생각하고 있는 바로 그것 즉 '행복' 을 들고 있기 때문이다.

약간 다른 시각이 전혀 다른 패러다임으로 발전되었다고 볼 수 있다. 성공해야 행복할 수 있는 것이 아니라, 행복해야 성공할 수 있다는 것이 이 책의 요체인 셈이다.

" 최고의 성공법칙은 꿈과 열정이 아니라, 행복이다. 즉 행복은 하나의 기술이며, 가장 탁월한 전략이며, 탁월한 실력이다."

이 책은 새로운 시대에 가장 강력한 경쟁력은 바로 '행복' 이라는 사실과 그 사실이 왜 진짜 사실인지, 여러 가지 다양한 사례들을 통해 조목조목 따져 보며 풀어나가는 책이다. 조목조목 따져 보며, 풀어나가기 위해서는 책은 전반부는 불가피하게 재미가 덜 할 수 있다. 하지만 맛있는 요리를 먹기 위해서는, 많은 재료를 사들여, 준비하는 시간이 그만큼 많이 걸리는 법이다. 그 지루한 준비시간은 맛있는 요리를 먹을 때, 한순간에 다 보상이 되듯, 이 책은 핵심인 후반부를 통해, 우리는 충분히 원하는 것을 얻을 수 있을 것이다.

새로운 시대가 요구하는 새로운 행복 패러다임은 이것이다.

"행복은 성공의 목적, 삶의 목적이 아니라, 성공적인 삶을 살아가기 위해 가장 필요한 수단이며, 도구이면서, 동시에 하나의 기술이며, 놀라운 전략이며, 압도적인 실력이다."

성공하고 싶다면, 어떻게 열심히 일하며 살까를 고민하지 말고, 어떻게 지금, 이 순간 행복하게 살까를 고민하라는 것이다. 왜냐하면 과거에는 열심히 노력하고 남들보다 더 많이 인내하며 일을 하는 사람이 성공했지만, 이제는 열심히 일하는 사람보다 행복한 사람이 더 성공하는 시대로 접어들었기 때문이다 그렇다면 왜 이렇게 급

격한 변화가 발생했다고 말하는 것일까? 그것은 우리가 사는 이 시대의 인간은 단순한 제품의 소비자들이 아니라, 이성과 감성과 영혼을 지닌 전인적(全人的) 존재로 거듭났기 때문이다. 그 결과 이제는 감성과 영성이 관계된 가치 주도의 시대이기 때문이다.

잘 알다시피, 스타벅스가 단기간에 성공한 것은 맛있는 커피를 팔았기 때문이 아니라, 커피를 마시며, 감성과 영혼을 쉬게 할 수 있는 제삼의 장소를 팔았기 때문이다. 하지만 좀 더 파고 들어가 보면, 그것은 바로 행복을 팔았다고 할 수 있다. 고객을 행복하게 해 주면, 고객은 반드시 보상하게 되는 것이다. 이처럼 우리가 행복하게 되면, 우리의 몸과 마음도 주인인 우리의 삶에 보답해 준다. 잠자던 재능과 상상력과 창의성을 깨워서 우리에게 보답해 주는 것이다.

' 오늘 행복하라. 그러면, 내일 성공할 것이다. 성공은 오늘 행복할 수 있는 자의 것이다.'

“ 행복은 최고의 성공 도구이며, 수단이면서 동시에 성공 그 자체다.”　 – 김병완의 행복학 –

“ 행복도 기술이며, 성공이며, 실력이다. 그러므로 아낌없이 행복하라 ”　– 김병완의 행복학 –

목차

'삶에서 가장 중요한 것은 행복이고 지혜로운 사람은
삶을 행복으로 이끌며, 성공한 삶은 행복한 삶이다.'
<아리스토텔레스>

제1장, 행복도 기술이다.

사람은 덕 있는 삶, 스스로 만족하는 삶을 살 때만 행복하다. <벤저민 프랭클린>

행복한 사람이 성공하는 시대

세상에 태어나서 마땅히 해야 할 의무가 있다면 그것은 먼저 스스로 행복한 삶을 사는 것이다. 세상 사람들 각자가 자기 행복만 온전히 책임질 수 있어도 세상은 훨씬 바람직한 방향으로 흘러갈 테니 말이다. <벤저민 프랭클린>

나는 시쳇말로 우리나라 최고의 기업이라는 곳에서 사회초년생으로 첫 직장 생활을 시작할 수 있는 행운(?)을 잡았다. 그래서 외형적 조건으로만 기준으로 삼는다면 나는 분명 행복한 사람이었을 것이다.

하지만 나는 행복하지 못했다. 분명 좋은 회사에 운 좋게 취직이 되어, 그곳에서 젊음과 열정을 불태우며, 남들이 부러워하는 직장 생활을 시작했지만, 1년이 지나고, 그리고 3년이 지나도, 더 이상 행복해지지 않는다는 것이 문제다.

입사 후 처음 1년은 내게 주어진 명함이 나의 기쁨을 대변했다. 남들이 그렇게도 취직하고 싶은 회사에 내가 취직되어, 버젓하게 다니고 있다는 것이 기뻤다. 하지만 그것은 참 다운 행복이 아니라, 껍데기 행복에 불과하다는 사실을 조금씩 직감하게 되었다. 언제부터인가 그것이 기쁨이 아니라, 단순히 비교 의식을 통해, 외형적으로 내가 느끼게 되는 허황된 기쁨일 수 있다는 생각이 들었다.

그래도 그렇게 나쁘지 않았다. 그럭저럭 살만했기 때문이다. 그래서 그곳에서 직장 생활을 10년 이상을 했다. 하지만 어느 순간부터, 도저히 그렇게는 살 수가 없었다. 뭔가 말할 수 없는 좌절과 슬픔이 내 삶에 침투하기 시작했다. 그것이 무엇인지 그때는 정확히 알 수 없었다. 하지만 분명한 사실 한 가지는 이것이다.

"이제는 더 이상 이렇게 살 수는 없다는 것이다."

비로소, 나는 이런 삶의 한계점에 도달하게 되었다는 사실을 깨닫기 시작했다.

무엇이 문제일까? 남들도 다 나처럼 살아가고 있고, 살아가고자 하는 것인데 말이다. 남들처럼 좋은 대학을 졸업하기 위해 발버둥을 치고, 남들처럼 좋은 직장에 취업하기 위해, 수천만 명의 젊은이들이 지금도 도서관에서 책과 씨름하고 있는데 말이다. 그런데 뭐가 문제란 말인가?

최소한 생계 걱정은 하지 않을 수 있지 않는가? 나중에 정년퇴직하더라도, 먹고 살 걱정은 없지 않은가? 그런데 무엇이 문제라는 것인가?

그 순간 나는 비로소 알았다. 인간은 의식주만 있다고 해서 살아갈 수 있는 동물이 아니라는 사실을 말이다.

“인간은 의식주만 충족된다고 해서 살아 낼 수 있는 그런 존재가 아니다. “

이 사실을 알게 된 것은 바로 내 자신이 꿈과 비전이 사라진 그러한 무미건조한 무채색의 삶을 너무 오랫동안 살아왔기에 경험을 통해 알게 되었다. 매달 월급 통장에 입금되는 월급을 나의 꿈과 비전과 바꾼 셈이었다.

그저 하루하루 주어지는 일과 위에서 내려오는 프로젝트에 매여 살아가는 삶이 되었다. 그러한 직장 생활을 통해, 열심히 일한 내게 남은 것은 아무것도 없었다.

가장 큰 문제는 나 자신을 잃어버렸다는 것이다. 나는 더 이상 내가 아니었다. 나는 회사가 원하는 그런 사람으로 자꾸만 변해 갔다. 그 결과 나는 알맹이가 없어지고, 빈 껍데기만 남은 사람이 되었다.

십 년 동안 앞만 보고 달렸지만, 그리고 그것이 기쁨이고, 행복인 줄 알았지만, 껍데기였다. 행복도 껍데기고, 기쁨도 껍데기였다. 심지어 나 자신도 껍데기였다.

십 년 이상 열심히 살았지만, 나는 온데간데없어지고, 명함에 찍힌 직위와 직책만이 나를 대신하고 있는 것이었다.

그 결과 나는 나 자신이 더 이상 아니었다. 나는 회사라는 거대한 기계의 부속품에 불과했다. 그 결과 내가 회사를 그만두면, 나를 대변했던 능력과 권한, 사회적 지위는 한순간에 사라진다는 사실을 알게 되었다. 그리고 사라지는 것은 그것들뿐만 아니었다. 나 자신으로 대변되던 그 껍데기도 마찬가지로 사라지는 것이다. 그렇게 된다면, 그 결과 나에게는 아무것도 남지 않는다. 그것이 내 운명이고, 내 인생이라고 할 수 있을까?

남들과 비교해서 조금 우위에 있고, 경쟁에서 남들보다 좀 더 잘 해서 승리한다면, 그것이 참된 삶의 기쁨이요, 행복한 삶이라고 할 수 있을까? 그것이 아니라면, 우리가 행복해지기 위해 획득하고자 했던 그 많은 것들은 모두 껍데기 행복을 위한 도구에 불과한 것인지도 모르는 것이 아닌가? 누가 알까?

평생 앞만 보고 달려가는 현대의 우리들은 과연 인생을

제대로 살아가고 있는 것일까? 과연 그럴까?

이 물음에 대해 우리는 길을 멈추고 곰곰이 생각해 볼 필요가 있다. 역사학자 에릭 홉스봄(Eric Hobsbawm)은 20세기를 '극단의 시대' 라고 표현했다. 필자는 우리가 살아가고 있는 21세기를 '극단을 넘어선 행복의 시대' 라고 표현하고 싶다. 극단의 시대로 불렸던 20세기는 행복하기 위해 불행했던 시대이고 성공하기 위해 실패했던 시대이기 때문이다. 그런 까닭에 우리는 미완의 시대를 넘어 완성의 시대, 조화의 시대를 개척해야만 한다.

'행복의 불행' , '성공의 실패' 라는 그 역설적이고 모순적인 시대를 지나 이제 우리는 '행복의 행복' 과 '성공의 성공' 이라는 시대를 살아가며, 동시에 개척해 나가야 한다. 행복한 사람이 성공할 수 있고 성공할 수밖에 없는 시대가 왔기 때문이다. 시대가 변했기 때문이기도 하다.

조선시대에서 근대로 넘어오듯 산업화 시대와 지식정보화 시대는 이제 또 다른 시대를 우리 인류 앞에 열어놓고 있다. 그 결과 과거 성공법칙의 주역은 근면과 성실이었다. 그래서 과거에는 근면하고 성실한 사람이라면 충분히 행복하고, 성공할 수 있었던 시대였다.

세월이 흐름에 따라, 주역의 자리는 서서히 변해 갔다. 그래서 최근까지는 열정과 창의성이라는 새로운 주역을 통해, 성공을 일궈낸 사람들이 생겨나기 시작했다. 그러나 이것들도 영원히 주역의 자리를 지킬 수 없는 듯 보인다. 시대의 변화에 따라 이제는 행복과 감성이 성공의 법칙으로 변하고 있기 때문이다.

시대가 바뀌면서 기존의 법칙들이 붕괴하고 새로운 법칙들이 등장하듯, 과거에는 멸시받던 웃음과 유머가 이제는 성공의 필수요건 중 하나가 되었다. 새로운 시대가 새로운 가치를 부여해 주기 때문에 가능한 일이다.

적이 친구가 되기도 하고 친구가 적이 되기도 하듯, 때로는 도구가 수단이 되고 수단이 도구가 되기도 한다. 때로는 골짜기가 봉우리가 되기도 하고 산이 바다가 되기도 하듯, 인생의 진지한 목적이 수단으로 전락하기도 하고 수단이 목적이 되어 사람들을 노예로 전락시키기도 한다.

시대의 변화와 흐름을 인식하지 않고 그 시대의 성공법칙을 언급하는 것은 큰 실수가 아닐 수 없다. 시대의 변화와 흐름에 따라 성공의 키워드도 변하고 바뀐다. 이러한 변화가 행복과 성공을 좌우하는 원인이 되는 것이다.

과거에는 성공하면 어느 정도 행복할 수 있었다. 하지만 이제는 두 마리 토끼를 모두 잡는 것이 불가능한 시대다. 그렇다면 어떻게 해야 두 마리 토끼를 모두 잡을 것인가?

바로 순서를 바꾸는 것이다. 성공으로 행복을 잡던 과거의 잘못된 방식을 바꾸어 행복으로 성공을 잡는 것이다. 이것이 가능하게 된 것은 시대의 변화와 흐름 덕분이다.

'우리가 살아가야 할 지금 이 시대는 '행복한 사람'이 '성공하는 시대' 이다.'

이것이 이 책의 핵심 주제이며 교훈이다. 즉, 행복한 사람이 성공할 수 있고 성공한 삶을 살아갈 수 있다는 사실을 불행에 빠져 살아가고 있는 많은 현대인에게 말해주고 싶은 것이다. 이 시대의 많은 사람들은 공부에 치이고 일에 치이며 불행한 성공을 하고 있다. 성공에 대한 욕망과 집착에 치여 불행한 삶을 살아가고 있다.

행복하지 않은 성공은 성공이 아니다.

행복하지 않은 성공은 참된 성공이라고 말할 수 없다. 왜냐하면 성공만큼 행복도 중요한 시대가 되었기 때문이다. 그러므로 불행한 자들이여, 성공했다고 말하지 말라. 그리고 자신이 불행하다면 이 책을 통해 행복이 무엇인지, 그리고 무엇보다 어떻게 해야 행복하면서 성공할 수 있는지, 그 방법을 모색해 보기를 바란다. 자신이 행복하고 동시에 성공하고 있다면, 이 책이 필요 없을 것이다. 하지만 두 가지 중 하나만 갖고 있다면, 혹은 사람 대부분이 그렇듯 두 가지 모두 갖고 있지 않다면, 이 책이 매우 요긴하게 쓰일 것이다.

우리 선배들이 살아왔던 과거는 성공을 위해 그 어떤 시대보다 더 열심히 살아온 시대라고 말할 수 있다. 그로 인해 한편으로는 행복했지만, 또 한편으로는 불행했다. 한편으로는 성공했지만, 또 다른 한편으로는 실패했다.

경제 성장은 이룩했지만, 한국 사회는 세계 최고의 자살률을 갖고 있다. 회사는 많은 돈을 벌었지만, 개인의 파산은 더 많아졌다. 경제적, 사회적 성공은 했지만, 함께 그 성공을 나눌 가족들은 모두 뿔뿔이 흩어졌다. 세계 최고의 이혼율이 그것을 증명하고 있다. 그렇다고 진심으로 기뻐해 줄 친구도 없다.

"우린 성공했다. 하지만 우리는 불행하다. 기쁨도 없고 즐거움도 없다. 오직 성공했다는 한 가지 사실로 위안 받기를 원한다. 하지만 그것도 탐탁지 않다. 평생을 바쳐 이룩한 성공을 누리기에는 시간이 없고, 가족이 없고, 친구가 없다. 성공을 통해 얻을 수 있는 것은 역설적으로 소중한 것 빼고는 다 가능한 것처럼 보인다."

우리는 왜 이렇게 되었을까? 무엇이 잘못된 것이었을까? 이러한 현상 탓에 과거에는 거들떠보지 않았던 웰빙(well-being)이란 개념이 새롭게 등장해 유행어가 되기도 했다. 그만큼 시대가 바뀌었기 때문이다. 이제는 성공만 추구하던 시대를 지나 행복을 더 중요시 하는 시대로 바뀌고 있는 것이다.

그리고 사람마다 차이는 있겠지만 사람 대부분은 성공을 위해 현재의 행복을 잠시 뒤로 미루는 경향이 있다. 특히 한국 사회가 그렇다. 그리고 그것이 현명하고 지혜로운 것으로 생각한다. 그리고 성공하는 그날, 그동안 미루어 왔던 행복을 곱절로 보상을 받겠다는 보상 심리를 가지고 있다.

하지만 이것은 매우 어리석은 생각이 아닐 수 없다. 왜냐하면 오늘 밤 당장 당신의 인생이 어떻게 될지 아무도 장담할 수 없기 때문이다. 그뿐만 아니라 설사 먼 미래에 성공하게 된다고 해도 힘겹게 오직 성공만을 향해 앞만 보고 살아왔던 수많은 날을 미래의 성공이 전부 보상해 줄 수 없기 때문이다. 뿐만 아니라 나중에 성공한다는 확실한 보장도 없다. 우여곡절 끝에 인생의 후반기에 성공한다 해도 성공을 통해 확보할 수 있는 행복과 삶의 가치, 그리고 기쁨은 그다지 크지 않다.

그렇다고 현재의 쾌락과 즐거움만 좇아가게 되면, 미래에는 정말로 별로 기대할 것이 없는 인생이 된다. 즉, 진퇴양난과 같은 이러한 딜레마 탓에 우리는 절망 속에서 하루하루를 살아가는 것인지도 모른다.

그렇다면 우리는 내일의 성공을 좇아가야 할 것인가? 아니면, 현재의 행복을 좇아가야 할 것인가? 어떻게 해야 두 마리 토끼를 모두 잡을 수 있을까?

이러한 질문에 대한 대답이 바로 이 책 속에 있다. 왜냐하면 이 책은 '현재 행복하면서 동시에 미래에 성공할 수 있는 새로운 방법에 관한 책'이기 때문이다. 즉, 필자가 이 책을 통해 처음으로 세상에 내놓는 성공철학은 한 마디로 '행복학'이기 때문이다.

성공적인 삶을 위한 원동력

"이제 행복은 인생의 목적이 아니라 성공적인 삶을 위한 수단이며, 원동력이다."

우리는 '행복하고 즐거운 삶'을 살기보다 '불행하고 우울하고 인내하는 삶'을 스스로 선택하며 살아왔다. 이러한 인내의 삶을 통해 우리는 자신을 잃어버리고 우리의 재능과 특성, 탁월함을 상실하게 되었다. 이 사실을 깨닫고 있는 사람은 많지 않다. 그래서 더욱더 성공과 멀어지게 되는 삶을 살게 된다.

우리는 가장 행복할 때, 가장 즐거울 때, 가장 재미있을 때, 이 우주와 하나가 되는 몰입을 경험하게 되고 비로소 그때 이 우주에 존재하는 모든 무한 에너지와 힘을 빌려 쓸 수 있게 된다. 그렇게 되면 이 우주가 바로 우리 자신이 된다. 우리의 내면에 존재하지만, 미처 깨닫지 못하고 발견하지 못했던 무한 에너지는 우리가 행복할 때 가장 잘 발견할 수 있고 잘 발휘할 수 있다.

수많은 사람은 '성공하면 행복해질 수 있다'라고 말하며, 자신을 스스로 성공의 노예로 전락시키고 있다. 조금 더 행복하기 위해, 조금 더 넉넉한 부를 누리기 위해, 조금 더 성공하기 위해, 끊임없이 일하면서 자신을 재촉한다. 그렇게 성공의 노예가 되어 온갖 걱정과 근심, 스트레스와 집착에 이리저리 끌려다니는 인생을 산다. 그리고 행복이라는 것 또한 성취하고 획득해야 하는 것으로 여긴다. 즉, 행복이라는 허상을 끊임없이 좇아가는 인생으로 전락하게 만드는 것이다.

그러나 '성공하면 행복해지는 것이 아니라 행복하니까 성공도 할 수 있는 것이다.'라는 사실을 알아야 한다. 정작 행복한 사람은 결코 행복을 좇아가지 않는다. 그리고 행복한 사람은 행복을 찾기 위해, 혹은 행복하기 위해 살지 않는다. 다만 그들은 주어진 오늘을 행복하게 살뿐이다.

건강한 사람이 건강을 위해 몸부림치지 않듯 행복한 사람은 행복을 위해 아등바등 살지 않고 그냥 행복한 삶을 누리고 살 뿐이다. 그리고 행복한 삶은 궁극적으로 성공이라는 결과물을 안겨준다. 즉, 행복하게 오늘을 즐겁게 살면 성공은 내일 아침 우리 삶 가운데로 찾아온다. 이 원리가 바로 '행복학'이다.

당신은 행복하기 위해 오늘도 열심히 일하고 노력하며, 무엇인가를 끊임없이 좇아가는 강박관념에 억눌린 삶을 살고 있는가? 아니면 행복으로 충만하여 순간순간의 삶을 누리면서 현재 이 순간의 주인으로 살고 있는가?

행복하기 위해 사는 인생과 행복하게 사는 인생은 전혀 다르다. 건강하게 사는 인생과 건강하기 위해 사는 인생이 다른 것과 마찬가지다. 하지만 사람들은 이 점을 오해한다는 점이 가장 큰 불행의 이유가 된다. 인생은 건강하며 활기차며 희망차며 기쁘며, 즐거워야 하며, 그러한 인생이 바람직한 인생이며, 자연스러운 인생이라고 할 수 있다.

저 산 밑의 계곡에 가 보라. 맑은 계곡물이 정상이며, 스스로 더러움과 오염을 정화해 내며, 흐르고 있다. 우리네 삶도 이와 같아야 한다. 계곡물이 존재하는 것은 맑아지기 위해 존재하는 것이 아니다. 그 이상의 의미와 가치가 그 속에 숨어 있듯, 우리의 삶도 그렇다.

단순히 건강하게 사는 것이 인생의 목적이 될 수는 없다. 크든 작든 자기 삶에 맞는 숭고한 목적을 가지고, 그 목적을 위해 살 때, 인생은 건강한 삶이 되는 것임을 자각할 필요가 있다. 이와 마찬가지로 우리가 하루하루 행복하게 사는 것은 어떻게 보면 자연스러운 자연의 법칙에 속하는 것인지도 모른다.

가장 낮은 차원의 삶은 가난과 굶주림의 삶이 아니라, 삶의 자연스러운 모습과 상태가 되어야 할 건강과 행복을 삶의 목적 자리에 갖다 놓으며 사는 삶이다. 가난과 굶주림에서 벗어나기 위해 일시적으로 투쟁해야 하며, 노력해야 할 때가 있을 수 있지만 그것은 일시적인 것이며, 삶의 목적 그 자체는 아니라는 사실을 사람들은 직관적으로 느낄 수 있지만, 건강과 행복은 삶의 목적으로 둔

갑할 수 있는 매우 위험한 것들이기 때문이다. 그 결과 건강과 행복에 집착하는 삶은 아무것도 남지 않는 삶이 될 수 있다. 쾌락과 사치는 조심하면서, 건강과 행복에 대해서는 마음을 놓아 버리기 때문에, 우리는 건강과 행복의 노예가 되기도 한다. 그래서 우리는 더 낮은 수준의 삶을 살게 되는 것이며, 속물이 되기가 더 쉬워진 세상에서 살고 있는 것인지도 모른다.

현대인들은 행복하게 사는 인생을 버리고 행복하기 위해 사는 인생을 선택한다. 어느 프랑스 철학자의 표현을 빌리자면 '온 세상이 미친 듯 안전과 행복을 추구' 하고 있는 꼴이다. 세계적으로 존경 받는 인물조차도 한 치의 망설임도 없이 '삶의 목표는 행복에 있어서 우리의 삶은 근본적으로 행복을 향해 나아가고 있다' 라고 말하며, 이 시대의 모든 사람의 삶의 목표를 오직 행복으로 설정하도록 유도하고 있다.

고대의 철학자인 아리스토텔레스부터 현대의 윌리엄 제임스에 이르기까지 사상가 대부분은 '우리 존재의 목적은 행복을 찾기 위한 것이다.' 라고 주장했다. 하지만 우리가 추구해야 할 최고의 목표가 행복이어서는 안 된다.

오히려 이렇게 말해야 옳다.

'우리 존재의 목적은 행복을 찾기 위한 것이 아니라, 우리 존재의 행복은 인생의 목적을 찾을 때 비로소 시작된다.'

밝은 삶은 빛을 좇지 않지만, 어둠이 우리의 삶을 침범할수록, 빛을 좇아간다. 그러다 보면 정작 중요한 삶의 가치와 의미를 놓치게 된다. 결론적으로 말해 행복한 삶을 살 때에는 행복을 좇지 않는다.

현대인들은 모순적으로 불행하기 때문에, 외롭고 고독하기 때문에 더욱더 맹목적으로 행복을 추구하게 되었다. 불행이 우리 현대인들의 삶을 침범할수록 우리는 행복을 좇아가기에 급급하게 된다. 그리고 행복만 추구하다가 정작 중요한 삶의 가치와 의미를 놓치게 된다. 그래서 우리의 삶은 메마르게 된 것이다. 현대에 올수록 정신과 치료를 받아야 하는 사람들과 자살하는 사람들이 많아지는 이유가 바로 여기에 있다.

진리와 거짓

세상은 말한다. 성공하면 행복해질 수 있다고. 하지만 그렇지 않다. 오히려 행복하면 성공할 수 있다는 것이 진리에 가깝다.

달라이 라마는 '행복은 마음의 수행을 통해서 발견할 수 있다.' 라고 말한다. 하지만 '마음의 수행이야말로, 행복하지 않다면 불가능하다.' 라고 생각한다.

프로이트는 행복한 삶의 조건으로 일과 사랑을 제시했다. 하지만 나는 행복한 삶의 조건이란 존재하지 않는다고 믿는다. 아울러 페터 오르토퍼는 '행복 하려면 성공하지 마라.' 고 말한다. 하지만 나는 '성공하려면 행복도 해야 한다.' 라고 생각한다.

그 외에도 수많은 성공학 도서는 '절대 포기하지 말라' 고 말한다. 하지만 나는 '제발 성공과 행복에 대한 집착에서 포기 좀 하라' 고 주장한다. 그것이 행복과 성공의 지름길이기 때문이다. 성공과 행복에 대한 집착과 욕망이야말로 실패와 불행한 삶의 가장 큰 원인이다. 이러한 역설적인 주장은 우리가 받을 때보다 줄 때 훨씬 더 행복하며, 기쁘다는 사실을 통해 우리 모두 쉽게 느낄 수 있는 철학이다.

수많은 어르신은 '자식들을 위해 평생 뼈 빠지게 일했다.' 라고 말한다. 하지만 그것은 결코 현명한 방법이 아니다, 뼈 빠지게 일하는 것 대신에 뼈저리게 행복을 느끼는 것이 옳은 것이다. 그렇게 할 때 일도, 가정도, 인간관계도 잘 되기 때문이다. 자식으로서 뼈 빠지게 일하며 자신을 봉양한 부모를 대할 때, 언제나 죄책감과 미안함이 들어 평생 죄인으로 살아야 하며, 부모님이 저세상으로 떠났을 때는 그것이 평생의 한으로 남게 된다. 하지만 자식으로서 뼈 빠지게 일하는 부모보다, 뼈저리게 행복하게 살아 가시는 부모를 대할 때, 자식으로서도 기쁘고 행복할 수 있기 때문이다. 그러한 부모의 행복한 삶은 고스란히 자식들에게도 전이되며, 학습되어, 행복하게 사는 법을 자연스럽게 자식들에게 가르쳐 주는 효과도 발생하게 된다. 이런 이유에서 부모들은 먼저 자신들이 행복하게 사는 법을 배우고, 연습하여, 행복하게 살아 나가야 하는 것이다.

세상은 '성공하기 위해 도전하고 또 도전하라.' 고 말한다. 하지만 '실패하기 위해 도전하고 또 도전하라.' 고 말해야 옳다. 도전과 실패의 과정을 통해, 더 큰 성공의 길을 발견하고 찾을 수 있기 때문이다.

많은 사람은 소망한다. '실패하지 않기를! 그리고 반드시 성공하기를!' 하지만 나는 소망한다. '더 많이 실패해 보기를! 왜냐하면 그래야 참된 성공이 무엇인지 알 뿐만 아니라 참된 성공을 할 수 있기 때문이다. '실패를 두려워하지 않을 수 있는 자가 되어야 큰 성공에도 넘어지지 않을 수 있는 그릇이기 때문이다. 실패를 두려워하는 사람은 요행히 성공한다 해도 그 성공 때문에 패가망신할 수밖에 없다. 왜냐하면 그러한 성공은 밑 빠진 독에 물 붓기와 같기 때문이다. 성공보다 먼저 자신의 밑 빠진

독의 밑을 막아서 자신을 향상하는 것이 우선 되어야 하는 것이다.

이러한 사실을 잭 웰치는 잘 말해 주고 있다.

" 인생은 실수를 하면서 살아가는 과정이다. 실수를 통해 얻은 지식만큼 값진 것은 없다."

그렇다. 실수를 통해 얻은 교훈과 지식만큼 더 값진 것은 없어서, 우리는 학교에서 이러한 것들을 교과서와 선생님을 통해서는 절대 배울 수가 없다. 그래서 실패는 어떻게 보면 성공보다 더 큰 유익함을 가져다주는 것이다.

젊은 시절에는 고생을 사서도 해야 한다는 말이 아무 의미도 없이 그냥 나온 빈말이 아님을 인생을 살아가면서, 산전수전을 다 겪으며, 그러한 귀한 실패와 실수 경험들이 쌓이면, 어느 순간 깨닫게 된다. 우리가 경계해야 할 것은 젊은 시절 너무 일찍 성공을 맛보는 것이다. 그렇게 되면, 자만과 교만으로 인해, 정작 중요한 인생의 후반기에 더 큰 성공을 할 수 없게 되는 경우가 많기 때문이다. 하지만 젊은 시절에 수많은 실패와 시련과 고생을 한 사람 중에는 오히려 인생의 후반기에 너무나 큰 성공을 이룩하는 사람들이 많다. 바로 이런 이유에서이다. 실패와 시련과 고생이 사람을 성장시켜 주는 값진 교훈과 지식을 제공해 주기도 하기 때문이다.

앞에서도 언급했듯이, 현대 사회와 현대인들은 '행복과 성공이 인생의 유일한 과제이며, 목표이다.' 라고 말한다. 하지만 나는 '행복과 성공은 인생의 유일한 과제와 목표를 수행하기 위해 활용할 수 있는 가장 최적의 도구이며, 과정이며, 자원이다.' 라고 말하고 싶다. 아울러 거듭 강조해 이렇게 말하고 싶다.

"오늘 행복하지 못한 내일의 성공은 상처투성이인 퇴색된 승리일 뿐이다. 그래서 오늘 행복하지 못한 내일의 성공은 아무 기쁨도, 즐거움도, 가치도 없다."

그렇다면, 어떻게 해야 성공도 거머쥐고 행복도 할 수 있을까?

바로 이 질문에 대한 정확한 대답이 '행복학' 이다. 나는 이 책을 통해 '행복학' 을 쉽고 재미있게 접근할 수 있도록 그 원리와 실제 사례를 제시하는 한편, 적용할 수 있는 실천 방법까지 제시하고자 한다.

제1장에서는 진짜 행복한 사람이란 어떤 사람인지 알아보고 왜 행복한 사람이 성공도 하는지 그 원리에 관해 설명했다. 그리고 제2장에서는 그러한 성공이 어떤 이유와 근거로 인해 진짜 성공이라고 할 수 있고, 불행한 성공이 왜 성공이 아닌 실패라고 할 수 있는 지에 대해 알아보고, 그러한 원리와 이치를 근거로 하여, 행복학의 여섯 가지 법칙을 제시했다. 물론 실생활에서 바로 응용할 수 있는 실천 방법도 제시하고 있다. 이를 통해 독자들이 '나는 너무 행복해서 실패할 수 없다.' 라고 말할 수 있게 되길 바란다.

'행복해지기를 원하는가? 그러면 행복하면 된다.'

– 톨스토이 –

제2장, 누리는 행복 vs 좇아가는 행복

과거에 대한 후회와 미래에 대한 불안은
현재의 행복을 거부하는 어리석은 짓이다.
– 쇼펜하우어 –

불행한 인류가 추구했던 행복

'사는 게 재미없어, 왜 사는지 모르겠어?'

오랫동안 잘 알고 지내던 지인이 갑작스럽게 내뱉은 말이다. 나는 그의 말에 충격을 받았다.

한국에서는 그래도 최고의 기업이라고 할 수 있는 회사

에 다니면서 어느 정도 인정도 받는 사람의 말이었기 때문이다.

나는

'다 사는 게 그렇지, 뭐! 그래도 넌 행복한 줄 알아야 해!'

라고 헛된 위로의 말을 해줄 수밖에 없었다. 나 역시 그와 다를 바 없는 처지였기 때문이다. 나처럼 생각하는 사람이 또 있다는 사실에 나는 놀랐다. 그러니 어떻게 조언을 해줄 수 있겠는가.

누가 뭐래도 우리 사회는 과거 보다, 정확히 십 년 전보다 훨씬 더 풍요롭고 살기 좋은 사회가 되었다. 하지만 우리는 더 많이 이혼하고, 더 많이 자살하고, 더 많이 상처받으며 살아가고 있다. 마치 전쟁터의 한복판에 있는 것처럼 말이다.

'왜? 무엇이 잘못되었던 것일까?'

우리는 모두 저마다의 행복을 추구하며 살아가고 있다. 아니, 행복하기 위해 우리는 너무나 많은 희생을 치르면서 아등바등 살아가고 있다. 하지만 우리는 그다지 행복하지 않다. 그것이 문제다.

물론 사람마다, 나라마다 행복을 추구하는 방법과 모양은 천차만별일 것이다. 중요한 점은 바로 행복을 추구하는 방법에 따라 인간의 삶이 행복한지, 아니면 불행한지가 갈린다는 점이다. 하지만 대체로 인류의 대부분은 행복하지 않은 것 같다. 그렇다면 왜 그토록 많은 사람이 불행하게 살고 있는 것일까?

그들이라고 행복하기를 원하지 않았던 것은 아니었을 것이다. 오히려 행복해지기 위해 더 큰 노력을 했던 사람들인지도 모른다. 이런 사람들이 행복을 추구 하지 않았기 때문에 불행한 삶을 살다 간 것이 아니라면 왜 불행할 수밖에 없었을까?

대부분의 많은 사람들은 행복을 추구하기 위해 평생을 노력한다. 하지만 그러한 노력을 기울였음에도 불행할 수밖에 없었던 이유는 불행할 수밖에 없는 행복을 선택했기 때문이다.

참된 행복의 길을 찾지 못하고 잘못된 행복의 길을 발견한 뒤 그 길로 가면 행복하게 되리라 생각했기 때문이다. 잘못된 행복의 선택과 잘못된 행복 추구 방법 때문이다.

그렇다면 잘못된 행복이란 도대체 무엇을 말하는 것일까? 잘못된 행복은 행복에 대한 잘못된 생각, 즉 오해로부터 비롯된다고 말할 수 있다. 행복에 대한 오해는 행복을 소유하는 것으로 생각하는 것이다. 그리고 부와 권력을 획득하기만 하면 자연스럽게 따라 오는 것으로 생각하는 것이다. 달리 표현하면, 행복을 성공의 종속변수로 생각하는 것이다.

이러한 잘못된 생각과 오해는 많은 사람들의 삶을 매우 힘들고 고달프게 만들어 나간다. 그뿐만 아니라 많은 사람에게 다다익선이라는 불행의 씨앗을 심어 놓게 되었다.

마치 물질이나 소유가 두 배로 많아지면 행복도 두 배로 커질 것으로 생각하게 만드는 것이다. 하지만 사람은 대부분 소유와 행복이 비례하지 않는다는 사실을 이해하지 못한다. 그저 더 많은 성공을 위해 쉼 없이 내달리는 삶을 살면서 행복하기 위해 살고 있다고 스스로 위안하는 것이 바로 인류의 삶이다.

그래서 좀 더 많은 권력을 차지하게 되면 더 행복하게 될 것 같아 전쟁도 마다하지 않고 자신의 양심도 버린다. 어떤 이는 좀 더 많은 부를 얻게 되면 더 행복하게 될 것 같아서 수단과 방법을 가리지 않고 부를 쌓는 길을 선택하기도 한다.

요즘처럼 배금주의(拜金主義)가 판을 치는 시대도 없었을 것이다. 오죽하면 '부자 되세요."가 가장 좋은 인사말이 되었고 그런 인사말을 들어도 아무 거부감이 없는 세상이 되었다. 오히려 그런 인사말을 더 좋아하는 시대다.

이 세상에 부자 되는 것을 싫어하는 사람이 있을까? 상상도 하기 힘들다. 하지만 우리의 선조들은 달랐다. 지금 우리의 생각과 많이 달랐다는 것을 알아야 한다. 즉, 그때는 청빈에 만족하며 돈보다 다른 것에 더 가치를 두는 사람들이 많았다.

심지어 스스로 자청하여, 가난의 길을 선택하는 선비들도 있었다. 돈이 모든 것을 해결해 줄 수 있으며, 심지어 행복도 살 수 있다고 생각하는 이 시대의 사람들과 달라도 한참 달랐다. 돈이 있으며 오히려 학문의 정진과 선비의 삶에 해가 된다고 생각했던 모양이다. 조선의 선비 중에서는 말 그대로 책만 보는 바보들도 많았다고 할 수 있다. 이처럼 돈으로 인생과 행복을 살 수 있다는 생각을 전혀 하지 않았던 우리의 선조가 부럽기만 하다.

지금처럼 풍요로운 시대는 거의 없었다. 특히 지금의 한국 사회처럼 잘 살았던 우리나라는 드물었을 것이다. 지금 우리나라는 매우 풍요롭다. 가난과 궁핍으로 UN에 원조받아야 했던 그런 나라에서 이제는 UN에 원조해 주는 세상에서 유일무이한 나라가 되었다. 하지만 우리들의 마음에는 그러한 풍요로 충분하지 않은 듯하다. 욕심과 집착이 더 많아져서, 누군가 성공의 잣대로 삼는 것이 돈이 되어 버렸다. 돈만 많이 벌어서 시쳇말로 대박을 터뜨리면, 그 사람은 성공한 사람이 되었고, 잘 사는 사람이 되어 버린 것이다.

풍요롭고 잘살게 되었지만, 경쟁은 더 심해졌고, 뒤처지지 않기 위해 책을 읽고, 공부를 해야 하는 시대가 되었다. 책을 읽고 공부를 하는 것, 그 자체만으로도 우리 선조들은 이 세상의 그 어떤 사람들보다 더 기뻐할 수 있었고, 행복할 수 있었고, 더 부요할 수 있었다.

우리의 삶이 더 각박해지고, 더 흉악해지고, 더 정신이상이 되어 가는 이유는 바로 이것이다. 돈이면 행복을 살 수 있다고 생각하기 때문이다. 이러한 생각은 결국 행복이란 누림이 아니라 소유라는 근본적인 잘못된 생각에서 비롯되었다고 말할 수 있다.

우리 인류 역사를 통해 볼 때, 동서고금을 막론하고 전쟁과 암투, 싸움과 갈등, 경쟁과 비리가 그치지 않았다. 왜 그럴까? 바로 인류가 선택한 잘못된 소유를 통한 행복론 때문이다. 그 결과 우리는 점점 더 불행한 인류가 되어 가고 있다.

우리는 행복해지기 위해 일을 하고 성공을 원한다. 하지만 일을 하고 성공을 해도 행복하지 않다면 그러한 삶에는 해답이 없게 된다는 것이 문제다. 선택이 애초부터 잘못되었기 때문이다.

인류가 불가피하게 불행해져야만 하는 잘못된 행복을 선택하도록 이끈 가장 큰 원인은 무엇일까?

그것은 행복이 인생의 종착역이며 인생의 목표 중에 가장 최대의 목표라고 생각했기 때문이다. 즉, 행복한 삶이 최고의 삶이고, 가장 숭고한 삶이라는 잘못된 생각이 오히려 우리를 불행으로 이끌었던 것이라고 말할 수 있다.

행복이 우리 인생의 최대 목표이며, 우리는 행복하기 위해 살아가고 있다고 생각하는 목적론적 행복론이 우리 인류를 불행하게 만들었던 주범이다. 결국 이러한 행복론은 인류가 그토록 추구하고, 갖고 싶었던 참된 행복을 더 멀리 달아나게 했다.

철학자 파스칼은 다음과 같이 모든 사람은 행복을 추구하고 있고 인생의 최대 목표는 행복이라고 설파했다.

'모든 사람은 행복을 추구한다. 여기에 예외는 없다. 행복을 추구하는 방법은 저마다 다를지라도 모두 한 지점을 향하고 있다. 전쟁을 일으키는 사람이나 그것을 막는 사람이나 모두 행복의 소망에서 출발한다. 사람은 행복 이외의 목적에는 그다지 관심을 보이지 않는다. 행복은 모든 사람과 모든 행동의 동기이며, 심지어 스스로 목을 매달아 죽는 사람도 이 점은 같다.'

목적론적 행복론에 대하여 설파한 철학자는 그뿐만 아니다. 정신분석학자 프로이트도 그와 비슷한 말을 했다.

'과연 인간이 삶에서 얻으려는 것은 무엇이며 성취하려는 것은 무엇인가? 그 답은 바로 행복이다. 인간은 행복해지길 원하고 행복한 상태에 머물기를 원한다.'

그리고 달라이 라마도 매우 간결한 표현으로 비슷한 말을 했다.

'우리 삶의 목표는 행복이다.'

위대한 철학자들과 현인들의 말처럼, 인간은 사회적 동

물이기 때문에 동물과 다른 삶, 더 고차원적인 삶을 원하게 되었다. 그리고 동물과 다른 삶은 의미를 추구하는 삶, 목적을 추구하는 삶, 예술을 실천하는 삶 등과 같은 고차원적인 삶으로 인식하게 되었다. 그중에서도 대부분의 삶을 포괄할 수 있고, 사람 대부분이 원하고 추구하는 삶은 바로 행복한 삶이라고 말할 수 있다. 하지만 인류는 이러한 행복한 삶을 추구하기 위해 자연 그대로의 참된 행복이 아닌 다소 인위적인 이상한(?) 행복을 추구하기 시작했다.

다시 말해 가장 바람직한 형태의 행복이 아니라 인간의 욕심과 집착과 같은 불순한 것들이 추가되어 결합한 나머지 본질적인 행복과는 아주 다른 성질의 행복이 탄생하게 되었다. 그리고 그것이 오랫동안 인류를 행복과는 정반대의 불행으로 이끌어온 것이다. 그 괴물과 같은 종류의 이상한 행복은 바로 '소유를 통한 행복'이다. 다시 말해, 불행한 인류가 선택한 행복은 바로 '소유 지향적인 행복'이었다.

'소유를 통한 행복'은 무엇을 가진다는 뜻만을 의미하는 것이 아니다. 무엇인가를 성취해 내고 누군가에게 인정받는 것, 타인의 부러움을 받고 인기를 얻는 것도 포함된다. 즉, 인류가 불행하게 된 것은 무엇인가를 더 소유하게 되면 더 행복하게 될 것이라는 행복론 때문이며, 무엇인가를 성취해 내고 이룩해 내면 더 행복하게 될 것이라는 행복론과 누군가에게 인정받고 인기를 얻게 되면 더 행복해질 것이라는 행복론 때문이다. 이러한 행복론이 오히려 우리들의 삶을 더 힘겹게 만들었고 우리들의 삶을 더 삭막하게 만들었다.

다다익선(多多益善)의 허구

불행한 인류가 '소유를 통한 행복'을 자연스럽게, 그리고 어쩔 수 없이 선택하게 된 것은 선조들의 삶의 방식이 '다다익선 多多益善'이라는 원칙을 선호할 수밖에 없는 진화적, 사회적 환경에 처해 있었기 때문이다. 선조들은 사냥감과 안전한 공간이 많을수록 생존과 번영은 물론 수명이 연장되는 환경에서 오랫동안 살아왔기 때문에 많을수록 그만큼 더 생존할 수 있고 수명이 연장되었다. 그래서 우리의 무의식 속에는 다다익선이라는 개념이 강하게 새겨져 있다.

이러한 개념은 우리의 생존과 번영, 수명의 연장을 위해 매우 큰 유익으로 작용했지만, 현대에 오면서부터는 단

점으로 받아들여지고 있을 뿐만 아니라, 인간의 행복을 가로막는 장애가 되고 있다. 즉, 과거에는 그러한 다다익선의 원칙이 생존과 번영의 원칙이었지만 현대에는 너무 많은 것을 소유하기 때문에, 병도 걸리고, 욕심도 더 많아지고, 경쟁도 더 치열해지게 되었다.

20세기는 선택과 집중의 방식이 개인이나 기업의 중요한 생존 전략이었다. 하지만 21세기에는 그것 외에 뭔가가 더 필요하다. 21세기를 살아가는 사람들은 선택과 집중보다는 나열과 분산의 방식이 더 나은 전략과 방식이라는 의견에 초점이 모이고 있다.

이처럼 우리가 사는 세상은 이제 선택과 집중보다는 나열과 분산, 그리고 소유보다는 체험이 더 나은 전략이자 개념으로 자리 잡고 있다.

좀 더 살펴보면, 인류가 오랫동안 선택해 온 소유를 통한 행복의 원리인 다다익선의 방식이 인류의 수명을 연장해 주고 생존을 보장해 주는 데 큰 도움이 되었던 것은 사실이지만 또 다른 한편으로는 우리의 수명을 좀 먹는 개념과 습관이 되어 버렸다. 선진국일수록 굶어 죽는 사람보다는 비만으로 인해 죽는 사람이 많다는 현실은 이러한 사실에 대한 좋은 방증이다. 돈이 적을 때는 서로 나누어 먹으면서, 알콩달콩 살던 가족이 로또 복권에 당첨되어, 부자가 되면, 그때부터 이혼하고, 파산하고, 형제가 갈라지고, 심지어 자살하는 예도 빈번한 것을 우리는 신문 지상을 통해 접하게 된다.

없어서 굶어 죽는 사람은 우리나라에서만 거의 찾아보기 힘들지만, 너무 많이 먹어서 소화불량으로, 비만으로, 힘들어하고, 고통을 호소하는 사람은 너무나 많다.

이처럼 우리가 사는 현대에는 행복과 안녕을 가로막는 가장 큰 장애물로 바로 다다익선이라는 사고방식과 그것을 토대로 하여 형성된 습관이 대두되고 있다.

이러한 사고방식과 습관은 무엇보다 우리 인간을 소유의 노예로 만들었고 인간들끼리 경쟁하게 했다. 다시 말해, 이러한 행복론은 행복을 누리도록 만들어 주는 것이 아니라 좀 더 많은 것을 소유하기 위해, 좀 더 많은 것을 성취하기 위해 일에만 매달리게 하는 병폐를 낳았다.

그 결과 공부하는 사람도, 일을 하는 사람도, 노래를 하는 사람도, 그림을 그리는 사람도, 책을 쓰는 사람도, 음악을 하는 사람도, 기업을 운영하는 사람도 지금보다 좀 더 많은 무엇인가를 소유하기 위해, 성취하기 위해 살아가는 삶이 되어 버렸다. 이미 행복하기에, 충분한 돈과 조건들이 있음에도 행복을 누리기는커녕 더 큰 행복을 위해 지금의 행복을 지나쳐 버리게 된 것이다.

이러한 현상의 심각한 문제는 바로 본질과 가치보다 돈과 물질이 더욱 우선시되는 사회, 과정과 현재보다 결과와 미래가 더욱 우선시 되는 사회로 변질되었다는 것이다.

그러나 생각해 보면 소유할 수 있는 것은 이 세상에 아무것도 없다. 인간은 사실 아무것도 소유할 수 없을 뿐만 아니라, 소유와 존재를 통해 균형을 이룰 수 있는 존재가 아니다. 따라서 소유만으로는 도저히 균형을 잡을 수 없어서 소유를 통한 행복은 인류를 더욱더 불행하게 한다. 그러므로 소유의 행복은 잘못된 선택이다.

우리가 절대 거스를 수 없는 위대한 자연의 법칙 중 하나는 '받은 만큼 나누어 주어야 하고 나누어 준 만큼 다시 받을 수 있다.' 라는 것이다. 하지만 인간은 자연의 법칙을 무시하고 오직 소유만이 능사라고 생각하면서 비극을 자초하고 있다.

좀 더 많은 재산, 좀 더 많은 자동차, 좀 더 많은 명예, 좀 더 많은 권력, 좀 더 많은 인기, 좀 더 많은 회사, 좀 더 많은 지식, 좀 더 많은 관계, 좀 더 많은 행복을 소유하기 위해 쉼 없이 살아가야 하는 삶은 풍족하면서도 궁핍한 삶이며, 가졌지만 실상은 가진 것이 없는 불쌍한 삶에 불과하다.

성공했음에도 여전히 성공에 목말라하는 삶을 선택하는 것은 결국 비극일 수밖에 없는 것이다.

진짜 부요한 사람들은 가지기 위해 노력하면서 이미 많이 가진 사람들이 아니라, 현재 가지고 있는 작은 것에 가장 큰 만족을 하는 마음이 풍요로운 사람들이다.

풍족하면서도 궁핍한 삶을 살아온 인류는 이제야 소유

와 성취로 얻을 수 있는 행복은 매우 적다는 사실을 깨달아 가고 있다. 행복이란 소유와 성취를 통해 얻을 수 있는 성질의 것이 아니라는 것을 깨달음으로써 참된 행복이 무엇인지 찾기 시작했다.

그렇다면 참된 행복이란 무엇일까? 간단히 말하면 나눔을 통한 균형이다. 그리고 사랑과 신뢰가 넘치는 관계이다. 인간이 행복해지기 위해, 필요한 것은 소유가 아니라 삶의 균형이며, 관계이다. 삶의 균형과 관계를 위해서 가장 필요한 것은 소유한 만큼 나누는 것이며, 나보다 먼저 타인을 사랑하는 마음이다.

세계적인 부자들도 세상의 많은 부를 획득하고도, 행복하지 않은 자신을 통해, 이러한 깨달음을 깨우치고, 그로 인해 세계적인 부자들도 자기 삶의 원칙과 행동 방침을 바꾸기는 경우도 종종 있음을 우리는 알고 있다.

대표적인 인물이 워런 버핏과 빌 게이츠이다. 그들이 지금 벌이고 있는 기부 문화 운동의 하나인 '더 기빙 플레지(The giving pledge)' 는 그것을 잘 말해 주고 있다.

‘더 기빙 플레지(The giving pledge)’는 기부 서약 캠페인으로 2010년 6월 두 사람이 중심이 되어 만들어진 것으로 미국의 대부호 40명이 생전이나 사후에 재산 50%를 사회에 기부하겠다는 서약을 통해 시작된 것이다.

무엇을 선택할 것인가?

인생은 결국 선택의 문제다. 마찬가지로 행복 역시 선택의 문제라고 할 수 있다. 잘못된 행복론을 선택한 덕분에 우리는 오늘도 경쟁에 몰두하고 있다. 경쟁 속에서 하루하루 살아가며 고통스러워하고 있다. 좀 더 많이 소유하면 좀 더 많이 행복해질 것이라는 잘못된 생각 때문에 우리는 좀 더 많이 소유하기 위해 오늘도 소유의 종이 되고, 욕심과 집착의 종이 되어 노예 아닌 노예로 살아가고 있다.

'좀 더 많은 성공, 좀 더 많은 재산, 좀 더 많은 명성, 좀 더 많은 부귀, 좀 더 많은 권력, 좀 더 많은 인기, 좀 더 많은 영광, 좀 더 많은 관계, 좀 더 많은 사람, 좀 더 많은 회사, 좀 더 많은 행복 등을 소망하며 우리는 살아가고 있다.

이러한 소망은 결국 우리를 더욱더 불행하게 만들며 쉼 없는 삶으로 우리를 이끌고 있다. 그 탓에 가혹한 경쟁 사회를 스스로 만들어 몸뿐만 아니라 마음과 정신의 병을 얻게 되었다. 정신과 질환이 퍼져 나갔고 청소년 자살률 세계 1위라는 타이틀을 가지게 되었으며 이혼율 세계 1위라는 불명예도 얻게 되었다.

자신이 불행하다는 사실도 모른 채, 우리의 아이들은 너무나 어린 나이에 경쟁 속에서 힘겹게 살아가고 있다. 그렇게 힘겨운 삶을 이겨내고 참아야만 성공이 보장되고, 행복이 보장되고, 남들보다 더 잘 살 수 있다고 어른들이 세뇌하기 때문이다.

물론 어른들도 그러한 어리석은 생각에 기만당하고 있다는 사실을 까맣게 모른 채 기정사실로 그것을 믿어 버린다는 것이 가장 큰 문제이다. 하지만 이러한 믿음은 우리 사회가 만들어 낸 허상일 뿐이다. 그러한 거짓된 믿음의 희생양이 바로 우리 자신이기도 하지만, 또한 우리의 아이들이다.

다시 강조하지만, 행복은 절대 소유와 성취를 통해 얻을 수 있는 것이 아니다. 고대 로마의 정치가이며, 철학자인 세네카는 이 사실을 잘 알고 있었지만 이러한 깨달음을 널리 펴지 못했다.

그는 '행복할 것으로 보이는 사람들은 사실 가련한 사람들'이라고 주장했다. 그는 부나 명예, 권력과 같은 외형적인 것들이 결코 행복을 가져다주지 못한다는 사실을 누구보다 잘 알고 있던 인물 중의 한 명이었다. 그의 말이 틀린 것이라면 부자나, 권력자들은 지극히 고 차원적인 큰 행복을 누려야 할 텐데 실상은 그렇지 못하다.

행복하기 위해 일과 성공을 선택한 인류는 그 성공의 길목에서, 또는 성공의 자리에서 비참하게 생을 마감하거나 비참하게 살아가고 있음을 알아야 한다. 국내의 모 대기업 회장은 자신의 성공을 위해 일만 하다가 자살했고, 미국의 부자 제이 굴드는 친구 하나 없이 외롭게 죽어 갔다. 또한 아시아의 최고 여성 부호였던 차이나켐 그룹의

니나 왕 회장은 자녀도 없이 난소암으로 죽었다.

이렇듯 수많은 사람이 큰 성공을 거두었음에도 불행한 이유는 부족한 돈 때문이 아니라 더 많은 돈과 명예에 대한 집착을 부렸기 때문이라고 할 수 있다. 더 많은 돈과 명예를 위해 자신을 몰아붙이고 있다. 이렇듯 멈출 줄 모르는 욕심이 결국엔 잘못된 행복을 선택하게 하고 앞만 보고 달리는 소유욕에 지배당하게 된 것이다.

닭이 먼저냐, 달걀이 먼저냐 하는 논란과 마찬가지로, 우리가 잘못된 행복론을 선택하였기 때문에, 돈과 소유의 노예가 된 것이기도 하지만, 돈과 소유의 노예가 되었기 때문에, 잘못된 행복론을 선택하게 된 것이기도 하다.

돈은 잘 사용하면 큰일을 할 수 있고 더욱 가치 있는 일에 사용할 수 있어서 매우 유익한 도구이기도 하다. 하지만 잘못 사용하면 자신을 파멸로 이끌어 스스로에게 큰 상처와 아픔을 줄 수도 있다. 그래서 돈은 양날을 가진 칼과 같은 도구이다.

결국 돈 자체는 선한 것도 나쁜 것도 아니다. 돈은 우리에게 다양한 선택권을 줄 수 있다. 돈이 있다는 것은 선택의 폭이 넓어지고 하지 않아도 되는 수고나 고생을 피하게 해준다. 그래서 없는 것보다는 있는 것이 좋다는 말은 틀린 것이 아니다. 하지만 우리는 필요한 돈이 어느 정도인지 혼란을 겪고 있다. 평생 놀고먹어도 되는 엄청난 돈이 있는 사람과 그렇지 못한 사람 중에 누가 더 행복한지 알 수 없는 것이다. 전자 중에도 자살하고 비참하게 생을 살아가는 사람이 많기 때문이다.

끝없는 소유욕

인간은 어느 정도의 돈과 어느 정도의 인간관계, 어느 정도의 건강이면 충분히 행복할 수 있다. 그러나 우리 인류는 언제나 그 이상을 원하고 더 많은 것을 원한다. 그것이 불행의 시작점이다. 바로 여기에 불행한 인류가 선택한 행복의 문제가 도사리고 있다. 다시 말해, 이러한 욕심이 '소유를 통한 행복' 이라는 잘못된 행복을 선택하게 했고 그것을 좇아가게 한 것이다. 그 결과 우리 인류는 많이 윤택해졌고, 편리해졌고, 나아졌지만 여전히 더 불행하고 더 큰 행복을 갈구하고 있고, 무엇보다 더 큰 부를 갈망하고 있다.

이러한 사실은 세계 최강의 부자 나라가 된 미국 국민의 행복지수를 조사한 연구 결과를 통해서도 분명하게 드러난다. 이 조사 결과를 살펴보면, 역설적으로 미국 국민은 세계 최강의 부자 나라가 된 이후에도 행복지수는 더 나아지지 않았다는 것이다. 이 조사의 결론은 한 마디로 더 많은 부와 성취가 더 이상 행복을 증진하지 못한다는 것이다.

가난과 궁핍으로 생활고에 시달리는 사람에게는 그러한 고통을 없애기 위해 돈이 필요하다. 그러나 돈이 행복의 조건은 아니다. 다만, 고통의 해결책 중의 하나일 수는 있다. 그것은 심각한 병에 걸린 사람에게 가장 급한 것이 병에서 회복되는 것, 즉 병이 낫는 것이지만 병이 낫는 것과 건강한 것은 다른 것이다.

폐렴에 걸린 사람은 건강한 삶을 살아가기 위해 먼저 폐렴을 완치해야 한다. 하지만 폐렴을 치료했다는 사실이 건강해졌다는 것은 아니다. 그것들에는 분명한 틈이 존재한다. 병에서 완치되었다는 점과 건강한 삶을 살고 있다는 사실은 다른 이야기이다. 이렇듯 병이나 삶의 고통을 없애기 위한 해결책 중의 하나가 행복의 절대조건이나 필수 요소와 직결되는 것은 아니다.

따라서 행복의 조건과 고통의 해결책은 엄연히 다르다. 하지만 수많은 사람, 그리고 전문가들, 학자들조차 고통의 해결책이 직접적으로 행복의 조건과 동일한 것으로 여기는 착각을 한다. 폐렴 환자가 그 병을 완치하여 병원 문을 나서는 순간이 과연 건강한 상태일까? 그렇지 않은데도 그것을 건강한 상태라고 오해하게 되면 그때부터 비극이 발생한다.

우리는 행복에 대해서도 같은 오해를 하고 있다. 그 사람이 건강한 삶을 살아갈 것인지, 아닌지는 병이 완치되어, 병원 문을 나서는 순간부터 어떠한 생활을 할 것인지에 따라 결정된다. 마찬가지로 우리가 행복한 삶을 살아갈 것인지, 아닌지는 고통이 해결되고 나서, 즉 어느 정도 경제적인 문제가 해결되고 난 후 그때부터 어떠한 생활을 하며, 어떻게 살아가느냐에 따라 결정되는 것이다.

다시 말해, 오랫동안 실직한 상태였던 사람이 회사에 취직했다고 당장 부자가 될 수는 없는 것과 마찬가지다. 회사에 취직을 해서 십 년, 이십 년 다닌다고 해서 반드시 부자가 되는 것도 물론 아니다. 다만, 빈곤층에서 벗어나서 일정한 수입이 생길 조건을 만들었을 뿐이다. 그러므로 취직이 부자가 되는 절대적인 조건은 아니다. 그런데도 많은 사람은 회사에 취직을 하면 부자가 될 수 있다고 믿고 그렇게 가르치고 있다.

이러한 사실을 간과한 채 고통의 해결책이 곧 행복의 조건이라고 생각한 사람이 있다. 바로 '이방인' 으로 유명한 알베르 카뮈다. 그는 행복의 조건을 다음과 같이 주장했다.

'많은 소득은 행복의 비결이다. 돈 없이 행복하다는 것은 영적 속임수이다.'

많은 소득은 행복한 삶을 살기 위해 필수적인 기본 조건일 수 있다. 하지만 많은 소득이 행복의 비결은 절대 아니다. 왜냐하면, 많은 소득이 있고 건강한 사람이라면 누구나 행복해야 하지만, 오히려 불행하게 살아가는 사람들이 더 많기 때문이다.

특히 우리가 간과해서는 안 될 점은 인간의 욕망은 자신의 수입이 증가함에 따라 더 빨리, 더 많이 증가하는 경향이 있다는 사실이다. 이에 따라서 욕심이 적은 사람도 좀 더 많은 것을 소유하게 됨에 따라 소유욕이 점점 더 빨리, 더 많이 상승하게 된다. 그렇게 되면 욕망과 현실 사이에 차이가 더 심하게 되어 더욱더 초조해진다. 이러한 사실을 카너먼 교수는 다음과 같이 말하고 있다.

'수입이 많아지는 만큼 욕망도 늘게 된다. 경우에 따라서는 수입보다 욕망이 더 빠르게 증가하여 불행에 이를 수도 있다.'

이와 비슷한 말을 주장하는 사람이 있다. 바로 '왜 나는 내가 가진 것을 또 찾아다닐까(원제: How to want what you have)'의 저자인 티머시 밀러다.

'인간은 평생 자기가 갖고 싶어 하는 것을 거의 충분히 가졌다는 정직한 믿음 속에 산다. 그래서 아주 약간만 더 가지면 완벽한 만족감을 느낄 수 있으리라고 생각한다.'

이런 의미에서 인류가 선택했던 '소유와 성취를 통한 행복'은 절대로 끝이 없는 행복이고 만족할 줄 모르는 행복이며 채워지지 않는 행복이기에 인류는 불행해질 수밖에 없는 행복을 선택한 셈이다. 인류는 도저히 멈추지 않는 욕망을 정복하기 위해 소유를 늘려 가는 전략을 선택하게 되었고 그로 인해 소유는 많아졌지만, 여전히 욕망은 그 소유보다 훨씬 더 많이, 더 빨리 증가하기에 여전히 불행하다.

누리는 행복, 좇아가는 행복

인류는 행복의 비결로 욕망의 채움과 목표의 달성이라는 방법을 선택했지만, 이것은 너무나 어리석은 선택이었다. 결코 욕망은 그 자리에 머물러서 기다려주지 않기 때문이다. 때로 기다려 준다 해도 이내 곧 저 멀리 앞서가서 따라오라고 재촉한다. 그래서 인류는 여전히 욕망을 채우기 위해 앞만 보고 달려가며, 허상을 좇아가는 삶을 살고 있다.

그래서 그러한 욕망을 충족시켜 줄 수 있는 부자가 되기 위해 너나 할 것 없이 앞다투어 달려가고 있다. 이러한 시류에 편승이라도 하는 듯, 아니면 이러한 시류를 만든 주범일 수도 있는 부자가 되는 법에 관한 책들이 오랫동안 초 베스트셀러가 되어 우리의 욕망을 부추기고 있다. 이러한 종류의 대표적인 책이 바로 나폴레온 힐의 [생각하라 그러면 부자가 되리라]라는 책이다.

이 책의 프롤로그 제목은 아이러니하게도 '물질적인 부가 꼭 행복을 보장하지는 않는다 .' 이다. 이 책의 저자도 이 사실을 잘 알고 있었다. 그는 자신의 책 서문에 다음과 같은 사실을 명확하게 밝히면서, 부자가 되는 법에 관한 책을 쓴 것이다.

" 나는 이 책에서 인생을 어떻게 살아야 한다는 이야기 따위는 하지 않을 생각이다. 하지만 부자와 빈자 양쪽을 모두 관찰한 결과, '물질적인 부가 꼭 행복을 보장하지는 않는다' 라는 사실만은 곡 알려 주고 싶다.

나는 지금껏 타인에게 유익한 도움이 되는 일을 하지 않으면서 진정으로 행복하다는 사람을 보지 못했다. 또한 많은 사람이 물질적인 면은 풍족하지만, 행복을 느끼지 못하고 있는 것도 알게 되었다. 따라서 나의 의도는 이러한 관찰 결과를 설교하는 것이 아니라, 너무나 풍족한 물질적인 부 때문에 그것을 당연시하는 사람들에게 일침을 주고, 앞에 언급한 무형 無形의 부를 통해서만 얻을 수 있는 인생의 귀중한 면을 깨닫게 하는 데 있다. "

그의 말은 진실에 가깝지만, 안타까운 것은 이 책을 읽는 사람들은 이 책을 통해 더욱더 부자가 되기를 갈망할 뿐이라는 사실이다. 나폴레온 힐이 자신의 책을 집필한 목적이 바로 철강왕 앤드루 카네기의 요청에 따라, 부가 축적되는 철학을 발견하고, 그것을 사람들에게 전파하기 위해서라는 것이다. 즉 부자가 되는 방법과 생각에 대한 책이다.

물론 이 책에는 참된 부에 대해, 돈을 보다 더 중요한 인생의 열두 가지 재산에 대해 언급하기도 한다. 하지만 이 책을 읽는 사람이나, 쓴 사람이나 이 책을 통해 얻고자 한 것은 바로 부자가 되는 법이라는 점이다. 그리고 이러한 종류의 책이 오랫동안 베스트셀러가 되었다는 점을 토대로 한다면, 부자가 되고자 소망하는 사람들이 매우 많더라는 사실이다. 그래서 우리들은 부자가 되어, 이것도 사고, 저것도 사고 싶어 안달한다. 출세하고, 성공하고 싶어 안달한다.

“이것만 성사되면….”

“저 차만 살 수 있으면….”

“저 아파트에 살게 되면….”

“로또에 당첨만 되면….”

“저 사람과 결혼만 하면….”

“승진만 하면….”

“취직만 되면….”

“합격만 하면….”

“성공만 하면….”

“출세만 하면….”

우리는 성공하고 출세하면 다 되는 것으로 생각하고, 그것을 쫓아간다. 현재 가지고 있는 행복을 누리지 못한 채 말이다. *

이렇듯 우리는 행복하기 위해 누리는 행복이 아니라 쫓아가는 행복을 선택하며 살고 있다. 학업에 지친 학생들은 대학교에 합격만 하면 모든 것이 다 제자리를 잡아주고 행복해질 것이라고 생각한다. 하지만 대학교에 합격

한다고 해서 행복해지지는 않는다. 그리고 군대에 있을 때는 제대만 하면 모든 것이 다 제자리를 잡아 주고 행복해지리라 생각한다. 그리고 대학생일 때는 좋은 회사에 취직만 하면 행복할 줄 안다.

처녀, 총각일 때는 좋은 사람을 만나서 결혼만 하면 행복하게 살아갈 수 있다고 생각한다. 결혼을 해서 신혼일 때는 귀여운 자녀들과 경제적 안정만 보장된다면 행복해지리라 생각한다. 그리고 중년일 때는 성공하고 출세하면 그렇게 될 것으로 생각한다. 하지만 이러한 것들은 욕망의 다른 표현일 뿐이다. 전부다 욕망의 노예가 되어 현재의 행복을 누리지 못하고 미래의 행복만 좇아가게 만드는 허깨비일 뿐이다.

왜 우리는 아무 걱정 없이 공부에만 전념할 수 있었던 학창 시절에 행복하지 못했을까? 지금 생각해 보면 가장 행복할 수 있었던 시절이 아닌가? 또 처녀, 총각 때는 어떤가? 가정을 부양해야 하는 의무도 없이 인생을 즐겁게 살 수 있었던 가장 행복했던 시절이 아닌가? 또 귀여운 자녀들과 사랑스러운 아내가 있는 가장으로서의 때는 어떤가?

삶의 의미와 기쁨이 넘쳐나는 가장 행복한 시절이 아닌가? 하지만 그렇게 행복할 수 있었던 때를 살면서 정작 그때만 누릴 수 있는 유효기간이 매우 짧은 행복을 누리지 못하고 살지는 않았는가?

그날이 지나면 영원히 맛볼 수 없는 바로 그 귀중한 그날만 느낄 수 있는 그날의 행복을 하루하루 만끽하며 살고 있는가? 왜 우리는 그날의 행복을 만끽하며 살지 않고, 불투명한 미래의 행복을 좇으며 살고 있을까?

우리는 어렸을 때는 어른이 되고 싶어 그때의 행복을 놓치고 늙어서는 젊었을 때로 다시 돌아가고 싶어 노년의 행복을 놓치며 살아가고 있다. 이러한 인류에게 쇼펜하우어는 다음과 같이 경고 한바 있다.

'행복하려면 한계를 두어라!'

조금은 아이러니하게 들릴지 몰라도 행복하려면 적당한 선에서 멈추고, 그만두고, 욕심을 버리고, 한계를 두어야 한다. 이 말은 과연 무엇을 의미하는 것일까? 한마디로 말해 마음의 욕심에 대해 선을 그어야 한다는 말이다. 즉, 과유불급(過猶不及)의 진리에 대하여 말하고 있다.

지나친 것은 부족함보다 못한 것이다. 즉, 약간 부족한 상태가 지나친 상태보다 더 나은 경우가 많다. 우리의 행복도 너무 지나치면 행복에 대하여 감사하는 마음, 귀히 여기는 마음이 없어지게 되며 자칫 지나친 행복에 대한 욕망은 우리를 더욱더 불행한 길로 이끄는 화근이 된다. 그래서 쇼펜하우어는 행복하려면 반드시 한계를 둘 것을 강조한 것이다.

사실 15년 전 우리나라의 경제 수준은 가장 적당한 수준이라고 할 수 있다. 국내 1인당 국민총소득(GNI)이 2만 달러를 2007년에 한 번 돌파 했고, 그 후 몇 년 동안 떨어지다가 다시 또 돌파하는 정도의 수준인데, 지표상으로 볼 때, 이 2만 달러 수준의 나라는 문화인류학자들의 이론에 따르면 가장 인간이 살기 적당한 경제 수준이라고 하기 때문이다. 최근에는 국민총소득이 3만 달러를 훨씬 넘어 3만 달러 중후반대까지 이르고 있다. 하지만 우리나라 사람들은 그런데도 상대적 빈곤은 더 심하다는 것이다. 실제로 행복 지수를 여러 나라에 대해 비교 조사한 결과들을 보면 한국 사회는 그렇게 행복한 나라가 아니라는 것이다.

이러한 현상에 대해 서울대 의대 교수인 이시형 박사는 다음과 같이 말한다.

" 우리나라 사람들이 이렇게 덜 행복하다고 느끼는 이유는 아직도 산을 오르는 사람의 심정으로 살고 있기 때문입니다."

산을 오르는 사람들은 한 가지 생각만으로 가득 차 있다. 바로 정상에 도착해야 한다는 강박 관념이다. 즉 산을 오르는 그 과정을 즐기지 못하고 경쟁 심리를 가지고, 다른 사람보다 더 빨리, 더 많이, 더 좋게 정상에 오르고자 하는 욕심과 집착 때문이다. 이런 이유에서 우리에게 한계가 필요하다. 마음의 욕심에 한계를 두고, 이제 이 정도에서 만족하고, 기뻐하고, 감사하고, 누려야 하는 것이다.

그리고 무엇보다 한계의 필요성은 인류가 선택한 행복론 때문에 필요하다. 즉, 인류가 선택한 행복론이 '소유와 성취를 통한 행복' 이기 때문에 우리는 행복하기 위해 끊임없이 노력하고, 획득하고, 소유하고, 성취해야 한다. 그러나 이러한 방식으로는 도저히 만족할 수 없다.

행복해지기 위해서는 그의 말대로 욕심이나 목표에 한계를 두어야만 한다. 하지만 소유와 성취에 한계를 둘 수 있는 사람은 바보로 낙인찍히게 되고 본인 자신도 성취감과 소유욕을 떨쳐내기가 매우 힘들다. 그런 까닭에 시간이 갈수록 더 많은 것을 소유해야만 하고 더 높은 성취감을 맛보아야만 행복을 누릴 수 있게 되는 것이다.

이러한 악순환에서는 결코 행복을 발견할 수도, 누릴 수도 없다. 결국 불행할 수밖에 없고 제한된 행복만 갖게 되는 것이다. 그러므로 인류가 선택한 행복은 온전한 행복이 될 수 없다. 그 방법도, 그 결과도 기대에 못 미친다. 따라서 엉뚱한 방향으로 인류를 이끌어 온 행복론은 이단적이며 이상한 행복의 목적지로 우리를 안내할 것이 분명해진다.

한편, 불행한 사람들은 행복한 사람들보다 현명하지 못하다. 왜냐하면, 우리의 뇌는 가장 바람직한 상태인 행복한 상태, 건강한 상태일 때 가장 잘 기능하게 되어 있기 때문이다.

이시형 박사는 우리가 스트레스를 받으며, 하루하루 바쁘게 경쟁하며 사는 것은 뇌 과학적으로 노르아드레날린 시대를 살고 있는 것과 같다고 말한 바 있다. 그것은 무엇인가를 획득하고, 싸워서 이기기 위해 경쟁하며 투쟁하며 치열하게 살아가는 삶 속에서 심한 스트레스로 인해 우리의 뇌가 방어적인 자세를 취하는 형태로 살아 가는 것을 말한다. 이러한 상태는 자연스러운 상태, 휴식을 취하며, 여유를 갖고 안정적으로 살아 가는 삶과는 다소 차이가 있다. 그래서 전자의 경우처럼 노르아드레날린의 삶에서는 창조성이 발생할 수 없을 뿐만 아니라, 지적 활동도 향상되지 못한다. 그래서 행복한 사람들은 더욱더 여유를 누리면서, 창조적이며, 지적인 사람으로 진화되기도 하지만, 치열하게 하루하루를 살아가야 하는 힘겨운 사람들은 그러한 삶의 환경과 마음 자세를 통해 더욱더 힘든 삶을 살아가게 되는 것이다.

이런 점은 아이들에게도 그대로 적용이 된다. 그래서 행복한 아이들이 공부도 더 잘하고, 행복한 사람들이 더 창의적이며 지적이다. 최근 연구 결과에 의하면 행복한 사람이 문제 해결력도 높다. 어쩌면 당연한 일이다.

따라서 불행한 상태의 인류들은 현명하지 못한 판단을 하게 되었고 그 결과 '소유를 통한 행복'을 선택하게 되었다. 그로 인해 불행한 인류는 더욱더 불행한 인류가 되기 위해 결과적으로 치열하게 경쟁하며 살아가게 된 것이다.

이렇듯 '소유를 통한 행복'을 우리는 알게 모르게 지향하고, 선택한 탓에 우리는 치열하게 노력하고, 투쟁하고, 경쟁해야 하는 사회를 스스로 만들어 내는 것이다. 갈수록 경쟁은 심해지고, 갈수록 승자가 모든 것을 다 가지게 되는 승자 독식 사회는 강화될 것이 뻔하다. 우리가 원한 것은 이런 사회가 아님에도 말이다.

우리의 잘못된 선택의 결과는 아이러니하게도 더욱더 우리를 불행하게 만들 뿐이다. 늦게나마 인류는 경제성장, 즉 좀 더 많은 부가 우리를 행복하게 해주지 못한다는 사실에 동조하기 시작했다. 좀 더 많은 명예, 좀 더 많은 권력, 좀 더 높은 지위, 좀 더 많은 인기가 우리를 행복하게 해주지 못할 뿐만 아니라, 우리를 더욱더 조급하게 만든다는 사실을 조금씩 깨달아 가기 시작한 것이다. 그래서 큰 부와 명예를 경험했던 사람 중에 일부는 기부와 나눔이 선택이 아니라 필수라는 사실을 깨닫고 실천에 옮기고 있다는 사실을 앞에서 언급한 바 있다.

“불행할 때 감사하면 불행이 끝이 나고 형통할 때 감사하면 형통이 연장된다. 촛불을 보고 감사하면 전등을 주시고 전등을 보고 감사하면 달빛을 주시고 달빛을 보고 감사하면 햇빛을 주시고 햇빛을 보고 감사하면 밝은 천국을 주신다.”

– 찰스 스펄전 –

제3장. 욕망과 행복의 상관관계

'모든 사람은 행복을 추구한다. 여기에 예외는 없다. 행복을 추구하는 방법은 저마다 다를지라도 모두 한 지점을 향하고 있다. 전쟁을 일으키는 사람이나 그것을 막는 사람이나 모두 행복의 소망에서 출발한다. "

< 파스칼 >

행복 능력 결핍증, 안헤도니아

현대인들은 다양한 신경성 증상을 호소하고 있을 뿐만 아니라, 많은 자유와 평화, 행복이 보장되는 시대임에도 불구하고 행복을 느끼지 못한다. 그래서 이 시대는 행복한 사람보다는 항상 무엇인가를 위해 노력하는 사람, 열심히 일하는 사람, 꿈을 품고 비전을 가지고 달려가면서도 불행한 사람들로 가득 차 있다.

여행을 하는 사람 중에는 너무나 멋지고 아름다운 풍경을 본 후 갑자기 머리가 아프고, 숨이 쉬어지지 않고, 가슴이 막혀오는 격렬한 고통을 겪게 되는 사람들이 있다고 한다. 심리학자들은 이러한 고통을 겪는 사람들의 병명을 '안헤도니아(Anhedonia)' 라고 말한다. 너무나 멋진 풍경을 보고 있음에도, 그것을 오롯이 즐기지 못한다. 왜냐하면 그 풍경을 감상하며 즐겁게 볼 수 없도록 방해하는 방해물이 우리 내면에 존재하기 때문이다. 심리학자들은 그것을 병리적인 현상이라고 말하고, 안헤도니아라고 규정하고 있지만, 그것은 우리 삶의 모든 범위에 걸쳐 존재하는 무서운 것이다.

그런 질병을 앓는 사람은 눈앞에 펼쳐지는 아름다운 풍경을 보면서 그것을 100% 누리고 만족하지 못한다. 그것은 '이 아름다운 풍경을 앞으로 다시는 못 보게 되면 어떻게 하나.' 라고 염려하며 두려워하는 마음이 즐기고자 하는 마음을 압도해 버리기 때문이다. 그 탓에 행복감이 아닌 고통과 통증을 느끼게 되는 것이다. 결국 이런 사람은 현재의 행복을 놓칠 뿐만 아니라 미래의 행복 유지에 대한 걱정과 염려, 그리고 행복 소멸에 대한 두려움으로 가득 차 불행한 현재를 살게 된다.

이러한 사람을 보면 한심하다는 생각이 들 것이다. 그러나 이런 사람과 똑같은 상태에 있는 것이 바로 우리 자신이다. 알게 모르게 어느 정도는 이러한 모습을 우리는 가지고 있다. 그래서 이런 사람들이 바로 현대인들이며 우리 자신일지 모르는 것이다. 지금 있는 자유와 평화의 삶을 제대로 누리지 못한 채 미래에 대한 두려움과 현재 소유한 것들을 잃어버릴까 두려워 걱정하며 지내는 삶, 그것이 바로 행복하지 못하는 능력인 '안헤도니아' 인 것이다.

이 점에서 불행한 인류가 선택한 행복인 '소유를 통한 행복' 은 우리에게 행복할 수 있는 능력, 행복을 누리며 살아갈 능력을 요구하면서, 동시에 행복할 수 있는 능력을 빼앗아 갔다. 그래서 행복할 조건이 충분하면서도 행복할 수 없고 불행하기까지 한 사람들이 넘치고 있다. 이것이 현재 우리 인류가 선택한 행복이다.

그러므로 인류가 선택한 '소유를 통한 행복' 은 '행복불감증' 또는 '무쾌감증' 을 나타내는 말인 '안헤도니아(Anhedonia)' 와 매우 닮아있다. 다시 말해, 행복할 수 없는 능력, 또는 행복할 능력이 없는 것을 뜻하는 이 말과 '소유를 통한 행복' 과 유사하다는 것이다.

이러한 행복은 우리 인류로 하여금 단 한 가지 생활방식을 선호하게 했다. 그것이 바로 '행복함으로 사는 인생이 아닌 행복을 좇아가고, 무엇인가를 소유하기 위해 살아가는 방식' 이다. 그래서 행복하지 못한 인류는 행복하지 못해 안절부절못하고 행복한 인류는 행복을 누리지 못하는 자신 때문에 또한 안절부절못하는 것이다.

결국 행복함으로 살아가는 삶이 아닌 행복을 소유하고 쟁취하기 위한 경쟁함으로 살아가는 삶을 선택한 인류는 그로 인해 더욱더 불행해졌다고 말할 수 있다. 좀 더 많은 행복을 위해 자기 행복을 스스로 희생시키는 그러한 방식을 어리석게도 선택하며 살아가고 있다. 그래서 물질의 소유와 성공의 수단으로 대표되는 것, 즉 '일' 이 없는 인류는 안절부절못하고 '일' 이 있는 인류는 일 때문에 쫓기느라 안절부절못하며 살아가게 되었다.

다시 말해, 경쟁이라는 우상을 만들고 그 우상을 숭배하며, 스스로 경쟁이라는 철학과 개념에 오염된 채로 살아가게 된 것이다. 그것이 현재 인류의 모습이 되었고 우리가 사는 세상의 진실한 모습이다. 그것은 우리로 하여금 행복 그 자체보다 경쟁에서 승리할 수 있는 일에 매진하며 살아가게 했다. 그래서 우리는 '생존 경쟁', '출세 경쟁', '부자 경쟁', '인기 경쟁', ' 파워 경쟁' 이라는 경쟁의 개념에 매달려 살게 되었고 경쟁 사회, 경쟁 체제를 스스로 숭배하게 되었다.

행복과 경쟁은 너무나 차원이 다르고 속성이 다른 개념이기 때문에 경쟁 사회에서 행복은 설 자리가 없다. 그러므로 경쟁 사회에서 경쟁하며 살아가고 있는 인류는 행복하지 못한 것이 당연하다. 그러한 경쟁 속에서 용감하게 뛰쳐나올 수 있는 사람만이 행복 속으로 들어갈 수 있는 것이다.

우리 인류는 행복하기 위해 행복이 아닌 경쟁을 선택한 결과를 낳게 되었다. 경쟁을 통해 이겨야만 더 많은 것을 소유할 수 있어서 인류가 선택한 소유를 통한 행복은 경쟁의 근간이 없으면 무너지게 된다. 따라서 경쟁을 토대로 경쟁의 삶을 살아가는 인류는 행복할 수 없는 것이다. 이것이 바로 인류가 불행한 가장 큰 원인이다.

우리가 선택한 그 행복은 정작 우리에게 행복을 가져다 주지 못하는 행복이기에 행복은 우리 곁을 떠나 버리게 되었다. 그로 인해 인류는 그토록 행복을 찾기 위해 행복에 집착하게 되었다. 그 결과 모든 삶의 목표와 궁극적인 도달점이 행복이 되어버린 것이다. 그 결과 우리 인류는 행복이 뭔지 제대로 경험하지 못한 채, 하루하루 그 행복을 좇아 살아가고 있다.

바쁘면 바쁠수록, 경쟁이 심해지면 심할수록, 더욱더 많은 성공과 출세를 할수록 행복이란 것을 만날 수 있을 것이라는 기대를 품고 있지만, 정작 만나는 것은 행복이 아니라 불행의 씨앗이다.

현재 인류는 행복을 수단으로, 삶의 양식으로 삼아 살지 않고 있다. 단지 경쟁을 수단으로, 성공과 행복으로 가는 방편으로 삼아 살아가고 있다.

이것이 우리 현대인들의 슬픈 자화상이다. 우리는 행복이 아닌 경쟁을 선택했다. 아울러 그것이 행복으로 가는 길이라고 여기고 있다. 하지만 그것은 절대 행복으로 가는 길이 될 수 없다. 눈에만 보이는 신기루에 불과하다.

'삶에서 가장 중요한 것은 행복이고 지혜로운 사람은 삶을 행복으로 이끌며, 성공한 삶은 행복한 삶이다.'
<아리스토텔레스>

내 꿈은 대학교수가 되는 것이었다. 대학교수가 되면 무척 행복할 수 있을 것이고, 좋아하는 공부를 실컷 할 수 있을 것이고, 사회적인 지위도 어느 정도 보장이 될 것이고, 생계적인 문제도 해결이 될 것이라 믿었기 때문이다.

하지만 대학교수가 되었다고 해서 행복하다고 말할 수 있는 것은 아니라는 사실을 알게 되었다. 대학교수뿐만 아니라 의사, 변호사가 된다 해도 마찬가지라는 사실도 뒤늦게나마 깨닫게 되었다.

" 성공한 삶이 행복한 삶이 아니라 행복한 삶이 가장 성공한 삶이라는 사실을 깨달은 것이다."

아리스토텔레스가 말했듯 가장 성공한 삶은 가장 행복한 삶이어야 한다. 그리고 가장 행복한 삶은 소유를 통한 행복이 아니라 존재를 통한 행복이어야 한다. 우리는 외부의 조건, 소유가 아니라 우리 내면의 평화와 기쁨, 즐거움을 통하여 행복해야 한다. 그것이 인류가 선택해야 할 새로운 행복이다.

아무리 부자가 되어도, 아무리 많은 명성을 얻고, 인기를 얻게 된다 해도, 그리고 아무리 많은 회사를 소유한다 해도, 행복을 보장해 줄 수는 없다. 왜냐하면, 소유를 통한 행복이 참된 행복이 아니라 기쁨과 평화, 충만함과 즐거움으로 가득 찬 존재를 통한 행복이 참된 행복이기 때문이다.

인류가 선택해야 할 행복의 기준은 '우리가 무엇을 성취해 냈느냐?' 하는 과거형이 아니다. 그것은 '우리가 어떻게 살아가고 있느냐' 라고 하는 현재형이다. 그래서 그 사람이 행복한지 불행한지는 현재 그 사람의 소유를 통해 알 수 있는 것이 아니라 그 사람의 존재 상태를 통해 알 수 있는 것이어야 바람직하다.

인간의 존재 상태를 결정짓는 것은 한 가지가 아니라 여러 가지가 있다. 즉, 건강 상태, 가족관계와 인간관계, 사회적 안정 상태, 경제적 안정 상태, 자아실현 상태, 욕구충족 상태 등과 같이 다양한 것들이 있을 수 있다. 하지만 이 모든 상태를 초월할 수 있는 것이 바로 인간의 마음 상태이다. 그래서 '마음' 이 현재 자신에게 주어진 환경이나 삶의 조건들보다 더 중요하며, '마음' 이 사회적 관계보다 더 중요하다. 마음은 인간의 존재를 가장 정확히 대변해 줄 수 있는 요인이다.

왜냐하면, 몸이 온전하지 못해도 마음을 다잡은 사람은 행복할 수 있기 때문이다. 그 사람 몸의 상태보다 마음의 상태가 더 많이 존재의 상태를 대변하기 때문에 몸이 온전하지 못해도 마음이 온전하고 기뻐할 수 있는 마음을 가진 존재라면, 그 존재는 행복할 수 있는 존재이다. 그리고 비록 원만한 인간관계를 맺지 못하는 고립된 여건에 있는 사람도 마음을 붙잡으며 누구보다 더 충만한 삶을 살아가는 존재가 될 수 있기 때문이다.

그 예로 억울한 누명으로 졸지에 사형수가 되어, 승승장구하던 자신의 화려한 삶을 송두리째 빼앗기고, 감옥에 수용된 한 사람이 있었다. 바로 6세기 로마 시대의 일이었다.

권력, 부, 학식, 명예. 행복한 가정, 화려한 출신 배경, 좋은 사회적 관계, 귀족층의 특권 이 모든 것을 가졌던 한 인간이 정적의 모함으로 한 순간에 이 모든 것을 빼앗기고, 사형수가 되어 옥에 갇히게 되고 만 것이다. 이런 상황에서 죄도 없이 억울하게 누명을 쓰고, 평생 쌓아 올렸던 세상의 모든 부와 권력과 명예와 가정과 특권을 다 빼앗기고 이제 죽기만을 기다리는 몸뚱어리 하나만을 가지고, 그것도 자유마저 박탈당한 채, 감옥에 갇히게 되었다. 분노와 억울함과 처절함과 허망함에 치를 떨며, 그는 죽어 갔을 것이다.

모든 관계가 단절된 최악의 상황이기 때문이다. 하지만 그는 그곳에서 모든 관계의 단절과 최악의 상황을 넘어서는 위대한 명저인 '철학의 위안' 이란 한 권의 책을 쓰는 위대한 철학자로 거듭나게 되었다. 그가 바로 보이티우스(Boethius, 6세기)이다. 그의 이 책은 서구 기독교 사회에서 가장 많이 읽히는 책인 [성경] 다음으로 많이 읽힌 책이 되었고, 세계적인 거장들에게 많은 영감을 준 책으로 평가받고 있다. 그로 하여금 좌절과 절망의 불행 속에서 벗어나, 글을 쓸 수 있을 만큼 마음의 평안을 되찾게 해 준 것은 바로 마음이었다.

그가 마음을 다잡지 못했다면, 분노와 좌절과 절망으로 하루하루 치를 떨며, 죽는 날만을 기다리며, 무기력하게 인생을 포기하는 삶을 살았을 것이다. 하지만 그는 마음을 잡고, 다시 평상심으로 되돌아왔다. 이런 점에서 우리에게 주어진 환경이나 여건, 사회적 관계보다 더욱더 우선시 되는 중요한 것은 마음 상태라고 할 수 있다.

이러한 이유로 사람이 행복해 지기 위해 필요한 것은 마음이며, 마음보다 더 많은 영향을 우리의 삶에 끼치는 요인은 사실상 아무것도 존재 하지 않음을 알 수 있다.

반대로, 마음을 제외하고 인간이 행복해지기 위한 조건을 따져보면, 수만 가지가 필요하다. 하지만 마음을 비우고, 마음의 욕심을 버리고, 존재로서의 행복을 선택하게 되면, 그 수만 가지 조건들은 아무 필요가 없는 것이 된다. 그러한 것들에 좌지우지하지 않는 참된 행복을 누릴 수 있게 되는 것이다. 그뿐만 아니라 존재를 통한 행복의 결정적인 요인은 외부 조건들로부터 시작되는 것이 아니라 우리의 내면, 즉 마음속으로부터 시작된다.

'행복을 찾으려고 하지 말고 행복함으로 살아라.'

이것이 바로 인류가 새롭게 선택해야 할 행복이며, 이 책이 제시하는 성공의 비결이다. 그리고 이 책이 현대인들에게 주문하는 생활방식 중의 하나이다. 무엇을 하느냐, 무엇을 찾았느냐, 무엇을 소유했느냐가 아니라 어떻게 살아가고 있느냐가 중요한 시대인 것이다.

지금까지 소유가 중요했다면 이제부터는 경험, 체험이 중요한 시대라는 사실을 경제학자들과 미래학자들은 이미 깨닫고, 그 사실을 여러 매체를 통해 주장하고 있음을 알 수 있다.

비즈니스의 세계에서도 이제는 하드웨어를 파는 것보다

사용하고, 체험하고, 경험할 수 있는 소프트웨어를 만들어 파는 것이 더욱더 이익이며, 그것이 번영과 성공의 길임을 세계적인 기업들은 잘 알고 있다.

그런 사례 중의 하나가 바로 애플의 '아이폰' 이다. 과거의 소유 중심의 개념을 토대로 한 하드웨어 판매 전략만 고수한 기업들은 절대로 세계적인 기업으로 성장할 수 없다는 사실을 애플의 아이폰은 정확하게 보여 주었다.

애플의 아이폰은 하드웨어인 아이폰을 판매한 수익보다 오히려 아이폰과 함께 팔 수 있는 스마트폰 전용 애플리케이션인 앱의 판매를 통해 보다 더 큰 수익을 올리고 있다. 게다가 전 세계인들로 하여금 날마다 아이폰을 사용하고, 체험하고, 경험하도록 자연스럽게 유도하면서, 애플의 충성고객을 만들어 가고 있다.

행복도 마찬가지이다. 우리에게 주어진 하드웨어라고 할 수 있는 인생과 그 조건은 태어날 때부터 어느 정도 정해져 있다. 그뿐만 아니라, 태어날 때부터 그 하드웨어 중에 일부가 망가져서 사용하지 못하는 사람들도 적지 않다. 그래서 태어날 때 우리가 사용할 수 있도록 허용된 그 범위는 쉽게, 단시일 내에 바꿀 수 없는 것이 사실이다. 그러나 희망은 있다. 왜냐하면, 매우 제한적인 하드웨어를 가지고 태어난 사람이더라도, 인생의 소프트웨어라고 할 수 있는 경험과 체험을 통해서 우리에게 주어진 하드웨어를 능가하는 삶을 살아 나갈 수 있기 때문이다.

주어진 자원과 하드웨어가 아무리 보잘것없어도, 그 이상의 삶, 더욱더 나은 삶을 얼마든지 살아 낼 수 있는 것이다. 이러한 사례가 바로 헬렌 켈러 여사의 삶이라고 할 수 있다. 그녀는 누구보다 제한적인 하드웨어를 가지고 평생 살아가야 할 운명을 만나게 되었다.

듣지도, 보지도, 말하지도 못하는 삼중고의 장애를 가지고 살아 내야 했다. 하지만 그녀는 누구보다 더 풍성하고, 더 가치 있고, 더 나은 삶을 살았다. 바로 그녀는 경험과 체험을 통해, 자기 사고의 유연함을 향상하며, 소프트웨어를 최대한 활용하였기 때문이다. 결국 마음먹기에 달려 있다. 우리가 아무리 제한적인 하드웨어를 가지고 태어났든, 중간에 그렇게 되었든, 우리가 마음먹기에 따라서, 그것을 충분히 극복할 수 있다는 것이다.

하드웨어를 뛰어넘는 삶을 가능하게 해 주는 주역인 인생의 소프트웨어가 바로 경험과 체험을 통한 사고의 성장과 유연함 즉 마음 상태라고 할 수 있다.

우리가 어떠한 상황의 삶을 살고 있다 해도 마음의 변화와 선택과 결단을 통해 보다 나은 존재로 나아갈 수 있고, 그로 인해 행복함으로 살 수 있는 것이다. 이것이 인류가 선택해야 하고 결단해야 하는 행복이다.

" 결국 행복은 소유가 아니라 마음에 달려 있는 것이다. "

그러므로 우리는 '행복을 찾으려고 하지 말고 행복함으로 살아가기 위해 마음을 바꾸어야 하는 것' 이다. 그렇게 살아야 올바른 삶이며, 바람직한 삶이며, 가치 있는 삶이기 때문이다.

불행하게 살고, 성공을 좇아가며 살고, 야망을 실현시키기 위해 끊임없이 자신을 채찍질하는 삶은 가련한 삶이 아닐 수 없다.

왜냐하면 무엇인가를 갈망하며, 쫓아가는 삶에는 행복이 깃들 공간이 없기 때문이다.

행복을 찾으려고 하는 것부터가 큰 잘못이다. 왜냐하면, 행복은 우리의 존재를 통해 우리가 누려야 하는 것이지 외부에서 찾는 것이 아니기 때문이다. 행복은 우리가 마음을 비우고, 기뻐하며 살 때, 저절로 우리의 삶을 통해 생성되어 흘러나오는 것이기 때문이다.

그래서 행복은 찾아야 하는 것이 아니라 누려야 하는 것이다.

행복은 외부에 있는 것이 아니기 때문에 행복을 찾아야 한다는 것은 잘못된 개념이다. 행복은 그저 현재의 삶을 누리며 행복함으로 살아가는 것이다. 결코 외부에서 찾거나 누군가가 만들어주는 것이 아니며, 외부의 무엇인가를 통해 발견할 수 있는 것이 아니다.

흐르는 강물은 앞을 다투지 않으며 낮은 곳으로 그저 흘러갈 뿐이다. 그러면서 동시에 자신의 자리를 누군가를 위해 비워주는 것이다. 흐르는 강물을 통해 우리는 참된 존재로서 행복을 누리는 실마리를 발견할 수 있다. 자신의 마음에 욕망을 비우고 타인을 위해 자신의 자리를 비워 줄 때 우리는 참된 행복을 누리게 된다. 인간은 사회적 동물이기 때문에 타인과 사회를 위해 헌신할 때 가장 이상적인 상태가 된다. 그러한 상태가 되어야 가장 큰 행복을 누리게 되는 것이다.

이런 점에서 받는 것보다 주는 것이 더 행복한 이유가 된다.

우리가 가진 재능과 물질과 시간을 타인을 위해 줄 때 우리는 가장 큰 행복을 느끼게 된다. 바로 그때, 우리는 가장 좋은 상태의 한 인간으로 존재할 수 있다.

욕망과 행복의 상관관계

욕망이 있는 사람들은 그 욕망 때문에 존재를 통한 행복을 누릴 수 없다. 욕망이 바람직한 존재 상태를 가로막는 장애가 되기 때문이다. 욕망이 마음에 가득 차 있으면 행복이 깃들 수 없다. 아울러 욕망 대신 비뚤어진 자아 이미지를 갖고 있어도 참된 행복을 누릴 수 없다. 몸이 아프고 병들었을 때 건강할 수 없듯, 마음이 병들고 아픈 사람은 그 병을 치료해야만 행복할 수 있다. 무엇을 통해 행복을 느끼든 최종 관문은 마음의 작용을 통과해야 하기 때문이다.

그러므로 행복을 제대로 누리기 위해 우리는 잘못된 마음을 고쳐야 할 필요가 있다. 마음의 치료를 위해서 자아 회복이 우선되어야 한다. 그래야 비로소 '존재'를 통한 행복이 가능해지기 때문이다.

성인이 되어 훌륭한 삶을 살아 나가기 위해서는 건강한 몸과 건전한 마음이 필요하듯, 바람직한 행복을 선택하고 선택한 행복을 누리기 위해서는 긍정적인 자아 이미지와 자아 회복이 우선되어야 한다. 마치 인라인스케이트를 제대로 타기 위해서는 기본적인 연습과 건강한 신체가 필요한 것과 마찬가지다. 기본적인 연습에 해당하는 것이 바로 건전한 자아 이미지의 형성 및 개선이다.

맥스웰 몰츠 박사는 자신의 저서 '사이코 사이버네틱스(psycho-cybernetics)'를 통해 개인의 자아 이미지가 가장 중요한 요소이며, 모든 심리치료의 목표는 이것을 바꾸는 데 있다고 역설했다. 그리고 이러한 개인의 자아 이미지를 개선하는 시작점은 자신에 관한 생각의 변화라고 말한다. 가장 큰 문제는 마음이 건강하지 못하고 상처투성이인 사람들, 즉 마음이 아프고 병든 사람일수록 자신에 대한 부정적인 생각이 강하다는 사실이다. 따라서 자신에 대한 부정적인 생각은 자신을 행복한 자아로 변화시키는데 가장 큰 장애가 된다는 것이다.

즉, 욕망 때문에 존재를 통한 행복을 누리지 못할 수도 있고 상처받고 병든 마음 때문에 스스로 부정적인 자아 이미지를 형성하게 되고, 그로 인해 또한 존재를 통한 행복을 누리지 못할 수도 있게 되는 것이다. 어쨌거나 우리는 이 두 가지를 극복하고, 이겨내고, 치료하여 우리가 선택해야 할 '존재'를 통한 행복을 추구해야 한다. 그리고 이 두 가지를 모두 극복하고, 이겨내고, 치료하는 방법은 자전거 타는 법을 배우는 어린아이처럼 자신의 마음을 바꾸는 연습을 매일 해야 하는 것이다.

자전거 타는 연습을 할 때, 처음에는 누군가의 도움으로 타고 그다음에는 10초 정도 혼자서 타다가 넘어진다. 그리고 다음에는 15초 정도 혼자서 탈 수 있다. 하지만 곧 넘어진다. 다음에는 혼자서 30초 정도 타다가 넘어진다. 여러 번 반복해도 처음에는 그런 수준에 머문다. 그러나 짧은 순간이지만 혼자서 자전거를 타고 앞으로 나아갔다는 사실이다. 즉, 자전거를 탔다는 사실이 점차 모여서 결국에는 혼자서 자전거를 탈 수 있게 되는 것이다.

행복도 마찬가지이다. 이런 점에서 행복도 연습해야 한다는 말은 진리이다. 처음에는 이런 노력을 한다면, 의식적으로 하루에 한 번 정도 행복을 누릴 수 있을 것이다. 그리고 그다음에는 두 번 정도, 그리고 그다음에는 세 번 정도 행복을 맛볼 수 있을 것이다. 이것이 모여서 결국에는 행복함으로 살아갈 수 있게 될 것이다. 그러므로 처음부터 포기하는 것은 어리석은 짓이다. 단념하지 말아야 한다. 계속해서 연습하다 보면 어느 순간 행복함에 빠져 즐거워하는 자신을 발견하게 될 것이다.

러시아의 대문호 레오 톨스토이는 이러한 사실을 다음과 같은 간결한 문장으로 표현한 바 있다.

'행복해지기를 원하는가? 그러면 행복하면 된다.'

그가 이 말을 통해 나타내고자 한 것은 행복하기 위해 다른 소유나 조건이 필요한 것이 아니라 현재 우리의 존재를 통해, 그저 행복하기만 하면 된다는 사실이다. 다른 말로 하자면, 그는 우리가 행복해 지기 위해서 어떠한 물질이나 명예도 필요하지 않다고 말하는 것이다. 그저 존재하는 우리 자신만 있다면, 행복해질 수 있는 조건을 모두 갖추고 있다는 말이다. 이런 점에서 그는 '존재를 통한 행복' 에 대한 비밀을 그 역시 깨달았던 것으로 보인다.

문제는 우리 인류가 행복하게 사는 법을 잊어 버렸다는 사실이다. 그래서 소유를 통해 행복해지려고 노력해 왔다. 하지만 소유를 통한 행복은 힘이 들고 어려울 뿐만 아니라, 참된 행복을 누릴 수 없다. 인류가 현재의 행복을 미루고, 현재를 참고 인내하며, 자신을 불행 속으로 내몰아 얻은 것은 '이상한 행복'에 지나지 않는 것이다.

우리는 그냥 행복하면 되지만 그 방법을 망각했기 때문에 불행하게 살면서 행복을 좇아가는 삶을 살게 되었다. 그래서 우리는 삶 속에 무한정으로 숨어 있던 행복들을 잃어버리게 되었고 불행한 삶을 살게 된 것이다.

랄프 왈도 에머슨의 말처럼 우리가 우리 내면으로부터, 즉 존재를 통한 행복을 잃어버리면 우리는 영원히 행복할 수 없게 될 것이다.

'우리 모두는 인생의 나그네, 아름다움을 찾아 길을 나섰네. 그러나 우리 스스로가 아름다움을 갖추고 있지 못

한다면 그 아름다움은 영영 찾아낼 수가 없으리니.'

'존재를 통한 행복' 에 대해 잘 알고 있었던 이들 중 한 명이 버트런드 러셀이다. 그는 자신의 저서인 '행복의 정복' 에서 다음과 같이 말하고 있다.

'행복한 사람은 자신이 우주를 구성하고 있는 한 성원임을 자각하고 우주가 베푸는 아름다운 광경과 기쁨을 누린다. 행복한 사람은 자신의 뒤를 이어 태어나는 사람들과 동떨어진 존재가 아니라고 생각하기 때문에 죽음을 생각할 때도 괴로워하지 않는다. 마음속 깊은 곳의 본능을 좇아서 강물처럼 흘러가는 삶에 충분히 몸을 맡길 때, 우리는 가장 큰 행복을 발견할 수 있다.'

그의 말처럼 우리는 삶, 즉 존재 그 자체를 충분히 인식하고 흘러가는 강물처럼 살면서 우주가 베푸는 아름다운 광경과 기쁨을 누려야 한다. 존재함으로 인해 기뻐하고 즐거워할 줄 아는 사람이 참된 행복을 느낄 수 있고 발견할 수 있는 것이다.

평생 사는 동안 우리가 어린아이였을 때보다 더 행복했

던 적이 있었던가?

사람 대부분이 어린아이였을 때가 인생에서 가장 행복하다고 생각한다. 그 이유는 무엇 때문일까?

미래에 대해 걱정을 하지 않고 현재에만 오롯이 집중할 수 있기 때문이다. 아이들은 미래에 대해 걱정하지 않고, 과거에 대해 연연해하지 않고, 집착하지 않는다. 단지 현재에만 몰입을 하기 때문이다. 우리가 행복하지 못한 것은 바로 과거에 대한 집착과 미래에 대한 걱정과 두려움 때문일 것이다.

어린아이들은 지금 자신이 가지고 노는 장난감에 환호할 줄 알고 모든 마음과 생각을 그것에만 집중할 줄 아는 능력을 갖추고 있다. 그리고 절대로 내일에 대해 걱정하지 않는다. 그것이 바로 그들이 행복한 첫 번째 이유이다.

어린아이였을 때를 회상해 보자, 그때는 많은 것을 소유하지 않았지만 행복했다. 그러나 어른이 되어 많은 것을 소유했음에도 불구하고 그때보다 더 행복해질 수 없다.

왜일까? 바로 어린아이였을 때는 존재함으로 기뻐할 수 있는 능력이 있기 때문이다. 이것이 그들이 가장 행복한 두 번째 이유이다.

하지만 어른으로 성장하면서 경쟁을 배우고, 소유를 배움으로써 우리는 늘 더 많은 것을 소유하기 위해 공부를 하고 일을 한다. 심지어 노는 것도 더 많은 기쁨을 소유하기 위해 놀기 때문에 어린아이였을 때 순수하게 노는 것과 큰 차이가 발생하게 된다.

분명하게 말할 수 있는 한 가지 사실은 어린아이였을 때처럼 무엇인가를 더 소유하기 위해 노는 것이 아니라 그냥 노는 것을 즐기고, 그냥 사는 것을 즐길 수 있는 능력을 다시 회복할 수 있어야만 우리는 행복하게 살아갈 수 있다. 그렇게 하지 못한다면 이 세상의 모든 것을 소유한다 해도 당신은 어린아이였을 때보다 더 행복해질 수 없다는 것은 불변의 사실이 되고 말 것이다.

최고의 행복

위대한 학자들이나 선인들이 깨달은 인간의 최고 행복들이란 어떤 것일까? 질문에 답하기에 앞서 먼저 아무리 위대한 위인이라고 하더라도 한 가지 주제에 대하여 상반된 주장을 하는 경우가 비일비재하다는 사실을 이해해야 한다. 누구는 인생을 고해라고 했지만, 어느 사람은 인생을 살만한 것이라고 말했다.

행복에 대해서도 이와 마찬가지이다. 그래서 행복에 대한 장밋빛 청사진만 보여 주는 주장보다는 반대의 주장에 대해 먼저 살펴보는 것이 좋을 것이다. 왜냐하면 행복에 대해 균형 잡힌 시각과 폭넓은 이해를 위해서는 반드시 그런 과정이 필요하기 때문이다.

그렇다면 인류 역사상 위대한 위인들은 행복에 대해 어떠한 깨달음을 가졌고 어떠한 주장을 했는지 살펴보자. 우선 가장 치명적인 주장으로 손꼽히는 프로이트의 말을 소개한다.

'인생의 목표는 행복의 추구이며 행복은 욕망을 충족하는 것이다.'

과연 이것이 일리 있는 말이라고 생각하는가? 과연 자신의 욕망을 충족함으로써 참된 행복을 느낀 사람이 인류 역사상 몇 명이나 될까? 과연 욕망을 충족한다고 그것을 참된 행복이라고 말할 수 있을까?

나는 '절대 아니다.' 라고 생각한다.

감히 장담하라고 한다면, 장담할 수도 있다. 욕망을 충족하는 것으로는 절대 행복해질 수 없으며, 오래 유지 될 수 없다. 이러한 방법으로 맛볼 수 있는 행복은 마치 순간의 쾌락과 같은 일시적인 것으로 그것을 변질시킬 가능성이 높다. 그래서 그러한 방법이 행복에 이르는 참된 길이 될 수 없다는 사실을 다행스럽게도 현대의 심리학자들이 발견했다.

이것뿐만 아니라, 그들은 참된 행복의 삶은 욕망 충족하고는 전혀 상관이 없는, 사랑과 신뢰, 그리고 기쁨과 감사가 가득 찬 인간관계와 매우 밀접하게 관련 있다는 사실을 발견했다. 더 놀라운 사실은 자기 자신의 욕망을 충족시키는 것과 전혀 다른 타인을 기쁘게 해 줄 때, 자신이 더 큰 기쁨을 맛볼 수 있다는 사실을 발견했다는 것이다.

오랫동안 현대 심리학자들이 궁금해하는 문제가 바로 이것이다.

" 왜 인간은 타인을 행복하게 해줄 때 가장 큰 기쁨을 누리고 행복해지느냐 하는 것이다."

이러한 사실이 매우 큰 의문스러운 이유는 행복이 개인의 욕망 충족이나 부와 전혀 관계가 없는 일이라는 사실을 반증하기 때문이다.

오랫동안 부(富)라는 욕망을 충족하는 것과 행복 사이의 연관 관계를 연구해 온 경제학자들과 심리학자들의 결론은 '부 '라는 욕망을 충족하는 것이 행복의 증진에 별다른 기여를 하지 못한다는 것이다. 최근의 연구 결과와 전문가들의 주장, 그리고 수많은 사례를 볼 때 행복이 욕망을 충족하는 것이라고 말한 프로이트의 생각은 옳지 않은 것으로 밝혀졌다.

오히려 행복할 수 있는 비결은 욕망을 충족하는 것이 아니라, 반대로 욕망을 걸러내는 것으로 요약되고 있다. 중세 페르시아의 대시인인 하피즈는 정확히 프로이트와 반대되는 명언을 남겼다.

'당신의 욕망을 모두 걸러내면 당신은 두 가지에만 집중하게 될 것이다. 그것은 더 많이 사랑하고 더 많이 행복해지는 일이다!'

괴테가 좋아했던 대시인인 하피즈는 행복은 욕망을 충족하는 것이 아니라 욕망을 버리는 것이라고 주장한 것이다. 나 역시 전적으로 그 말에 동의한다.

'탐욕과 행복은 서로를 본 적이 없는데 어떻게 잘 아는 사이란 말인가.'

벤저민 프랭클린의 말이다. 그 역시 탐욕과 행복은 아무 관계가 없다고 강조하고 있다. 그리스의 철학자 에피쿠로스도 역시 이와 같은 말을 했다.

" 작은 것에 만족하지 못하는 사람은 그 무엇에도 만족하지 못한다." 그래서 그는 " 만족은 부를 누리는 데 있지 않으며, 욕망을 줄이는 데 있다." 라고, 말한 것이다.

영국의 철학자이며, [행복의 정복(원제: Conquest of Happiness) 행복 지침서의 저자인 버트런드 러셀은 자신은 저서를 통해, 자신도 한때는 행복한 사람이 아니었으며, 언제나 자살할 생각을 품고 있었던 그러한 사람 중의 한 명이었지만, 삶을 즐기는 비결을 발견하고, 체험하여, 터득하게 되었다고 한다. 무엇보다 그가 삶을 즐기게 된 주된 비결은 자신에 대한 집착을 줄이는 것이라고 말한다.

자신에 대한 집착의 결과가 바로, 더 많은 탐욕과 욕망의 충족이라고 할 수 있다. 이러한 집착에 매여 있는 사람은 아무리 돈이 많아도, 행복할 수 없다는 것이 문제이다.

“ 부자들 자신이 불행하다면, 사람들을 부유하게 만들어봐야 무슨 소용이 있겠는가?” 라고 말하는 그는 행복이 우리 곁을 떠나는 이유에 대해 여러 가지를 말하고 있는 데, 그중에는 집착과 경쟁의 철학과 질투와 죄의식, 그리고 걱정 등이 거론 되었다. 그리고 행복으로 가는 길에 대해서 말했는데, 그 길 중에 하나를 다음과 같이 표현했다.

“ 행복의 비결은 되도록 폭넓은 관심을 가지는 것, 그리고 관심을 끄는 사물이나 사람들에게 적대적인 반응을 보이는 것이 아니라 되도록 따뜻한 반응을 보이는 것이다. “
결국은 자신에 대한 집착을 버리고, 타인에 대해 관심과 따뜻한 반응을 보일 때, 우리는 그만큼 더 행복해질 수 있다는 것이다.

그는 또한 이렇게 말하고 있다.

'원하는 것을 어느 정도 가지지 못하는 것이 행복을 위해서는 필수적이다.'

욕망의 충족이나 탐욕이 아니라 오히려 가지지 못하는 것을 통해 행복을 느낄 수 있다는 말이다. 다시 말해, 부자가 되지 않아도, 타인에 관한 관심과 삶에 대한 열정, 일을 통해 우리는 더 큰 행복을 느낄 수 있다는 것이다. 결국 욕망의 충족을 통한 행복은 가짜 행복이며 행복과 무관한 것이라는 뜻이다.

버트런드 러셀이 말하는 행복으로 가는 길에는 열정, 사랑의 기쁨, 일하는 것, 폭넓은 관심 등이 존재한다. 이러한 것들은 욕망의 충족보다는 인간답게 살아 나가는 과정을 통해 우리가 터득할 수 있는 삶의 자세와 더 가까워 보인다.

그래서 행복한 사람들은 '지진을 만나도 지식이 더 늘어났다며 즐거워한' 다고 그는 말했는데, 바로 그런 사람이 바로 영국의 탐험가인 사무엘 헌이다. 그는 자신의 저서인 [코퍼마인강으로 떠난 여행]에서 이와 같은 경험을 진술하고 있다. 그는 여행을 떠난 지 며칠 되지 않아, 인디언 도적 떼를 만나 짐과 중요한 것들을 모두 빼앗기고 만다. 그리고 그는 다음과 같이 말했다.

" 짐이 훨씬 가벼워져서 다음날부터는 여행이 더 즐거워졌다."

이처럼 행복한 사람은 주어진 그 일 자체보다도, 그 일을 통해 얻게 되는 자연스러운 유익함에 더 기뻐하고 즐거워한다는 점을 알 수 있다. 자기 집에 도둑이 들었지만, 영국의 한 성직자는 그것이 자신의 기쁨과 양심을 빼앗아 갈 수 없다는 사실을 다음과 같이 표현했다.

" 내 집에 도둑이 들었다. 어떻게 되었을 까? 도둑은 내게 해와 달, 불과 물, 사랑하는 아내와 나를 위로해 줄 많은 친구들을 남겨놓았다. 나를 달래줄 사람들이 남아 있어 나는 여전히 그들과 이야기를 나눌 수 있다. 그리고 내가 허락하지 않는 한 누구라도 내 즐거운 표정과 기쁨에 찬 영혼과 바른 양심을 가져갈 수 없다. 즐거움을 누리려면 많은 것이 필요하다고 하는 사람은 쉽게 슬픔에 빠진다. 그는 까다로움 때문에 모든 기쁨을 잃고 가시덤불 위에 앉으려는 사람이다.”

이처럼 우리가 행복하게 살기 위해서는 많은 것들이 필요하지 않다. 러스킨의 표현을 빌리자면, “ 옥수수가 자라는 것을 보거나, 꽃이 피는 것을 보는 것, 보습이나 가래로 일을 하며 거친 숨을 내쉬는 것, 책을 읽는 것, 생각하는 것, 사랑하는 것, 기도하는 것 등은 모두 인간을 행복하게 만드는 것들” 이라는 점이다.

결국 자신에게 주어진 삶에 대해 만족하는 사람은 그만큼 더 행복하게 살 수 있다는 것을 말한다. 노자도 이와 비슷한 말을 했다. “ 만족을 모르는 것이야말로 가장 큰 화근이다.” 라고 했다. 수천 년 전의 현인이 이러한 점을 깨달았다는 것은 참으로 놀라운 사실이다. 그뿐만 아니라, 지금 우리가 살고 있는 이 시대에 이러한 행복의 비결에 대해 접근할 수 있는 다양한 연구 결과들이 나오고 있다는 사실도 역시 놀라운 점이 아닐 수 없다.

미국 코넬 대학 심리학팀의 연구에 따르면, 은메달리스트보다 동메달리스트들이 더 행복하다고 한다. 연구팀은

1992년 바르셀로나 올림픽 메달리스트들의 표정을 분석한 결과, 이러한 결론을 내렸다. 동메달리스트들의 행복 지수는 7.1인데 반해, 은메달리스트들의 행복 지수는 4.8에 불과 하다는 것이다.

과연 왜 그럴까? 행복은 성적순이 아니고, 우리 마음의 만족 순이기 때문이다. 연구팀은 이러한 놀라운 사실에 대해 그 원인을 연구한 결과 자신이 획득한 메달에 대해 동메달리스트들이 더 큰 만족을 느끼기 때문이라고 말했다. 은메달리스트들은 자신이 조금만 더 잘했더라면, 금메달을 딸 수도 있었다는 사실에 대해 아쉬워하고, 후회를 하면, 자꾸 금메달리스트와 자신을 비교하게 된다는 것이다. 그 결과 기쁨보다는 후회와 아쉬움이 더 크고, 그래서 만족할 수 없었다. 하지만 이와 달리 동메달리스트들은 자신이 조금만 더 못 했다면, 혹은 상대가 조금만 더 잘했더라면, 자신이 노메달 신세가 될 뻔했음을 알고, 자신의 메달 색깔에 연연하지 않고, 메달을 따게 된 것에 대해 매우 기뻐하고, 만족하게 된다는 것이다.

바로 이러한 상황을 통해, 우리는 왜 저렇게 부자가 언제나 얼굴에 인상을 쓰면서, 기쁨이 없이 살아가고 있는 가에 대해 해답을 얻을 수 있게 되었다. 바로 만족함이 없기 때문이다. 이 세상에 있는 모든 부를 그에게 다 준다 해도, 과연 그는 만족하지 못할 것이다. 하지만 지금 가난해도, 자신의 것에 만족할 줄 아는 사람은 그것마저 없어져도, 만족할 것이다. 만족할 수 있는 사람만이 어떤 상황에서도 만족할 수 있고, 그로 인해 행복할 수 있는 것이다.

" 행복한 사람은 자신이 우주를 구성하고 있는 한 성원임을 자각하고, 우주가 베푸는 아름다운 광경과 기쁨을 누린다. 행복한 사람은 자신의 뒤를 이어 태어나는 사람들과 동떨어진 존재가 아니라고 생각하기 때문에 죽음을 생각할 때도 괴로워하지 않는다. 마음속 깊은 곳의 본능을 좇아서 강물처럼 흘러가는 삶에 충분히 몸을 맡길 때, 우리는 가장 큰 행복을 발견할 수 있다."

그렇다. 우리는 욕심을 버리고, 집착을 버리고, 흘러가는 강물에 우리 자신을 맡기고, 신이 창조하신 이 아름다운 우주가 우리에게 베푸는 아름다운 광경과 기쁨을 누릴 때, 비로소 행복할 수 있다.

행복을 원한다면, 행복을 원하는 나 자신을 버려야 한다. 행복을 갈망하는 집착에 사로잡힌 그 마음을 버릴 때, 모든 속박과 집착에서 벗어나 행복의 기쁨을 맛볼 수 있게 된다.

노벨 경제학상을 수상한 프린스턴대학의 심리학자인 다니엘 카니만 교수는 주부 900명을 인터뷰 조사를 한 결과, 자녀를 돌보는 시간보다 TV를 시청하는 시간이 더 즐겁고 행복한 것으로 나타났다고 밝혔다. 하지만 자녀들이 다 커서 부모의 슬하를 벗어나 살게 되면, 그때야 비로소 혼자 쓸쓸히 TV 시청을 하면서 자녀들을 돌보던 그때가 더 행복했다는 사실을 깨닫게 될 것이다. 자녀를 돌보는 것이 성가시고 몸이 불편해도 혼자 있는 것보다 마음은 훨씬 풍요롭고, 안정적이며, 사랑이 넘치며, 활력이 넘치기 때문에, 더 행복할 수 있는 것이다.

" 행복은 지금, 이 순간, 우리 일상의 소소함 속에 깃들어 있다."

이처럼 행복은 지금 이 순간, 우리를 성가시게 하는 일상의 소소함 속에 깃들어 있다. 그러나 우리는 그것이 행복이라고 미처 생각하지 못하는 것이다. 그런 탓에 행복을 마치 거창한 목표와 계획처럼 여겨 엄청난 노력과 값비싼 대가를 치러야 얻을 수 있는 것으로 착각하게 되는 것이다.

달라이 라마는 행복에 대해 이렇게 말했다.

'행복은 마음의 수행을 통해서 발견할 수 있다.'

물론 마음의 수행을 많이 하면 인격은 향상될 수 있을지 모른다. 그러나 행복은 그러한 수행을 통해서만 얻어지는 것이 아니다. 진짜 행복은 마음의 수행이 필요한 것은 아니다. 생각해 보면, 마음의 수행이야말로 행복하지 않고 고뇌로 가득 차 있다면 가능하지 않다.

이렇게 주장하는 근거는 무엇일까? 그것은 마음의 수행을 하지 않고도 행복하게 사는 주위의 많은 사람들을 알기 때문이다. 높은 차원의 수행을 하지 않은 평범한 사람 중에도 행복하게 사는 사람들이 매우 많은 것이다.

그 근거로 사모아 섬의 주민들을 들고 싶다. 지구상에서 가장 행복한 사람들이 모여 사는 곳이 어디일까? 어느 한 곳을 가장 행복한 사람들이 모여 사는 곳이라고 단정 지을 수는 없지만 행복한 사람들이 모여 사는 지역으로 잘 알려진 곳이 있다. 그곳은 물질이 풍요롭고, 생활이 편리한 뉴욕과 같은 대도시가 아니라 발달된 문명의 혜택과 이기가 매우 적은 곳이다. 전 세계 사람들로부터 행복한 곳이라고 인정받고 실제로도 가장 행복한 곳이 바로 사모아 섬이다.

이곳은 수백 년 동안 행복의 나라로 알려진 곳이다. 그렇다면 이 섬의 사람 중 적어도 과반수의 사람이 마음의 수행을 했을까? 그런 증거가 있다면 달라이 라마의 주장이 어느 정도 옳다고 봐야 할 것이다. 하지만 이 사람들의 삶의 모습과 습관을 살펴보면 마음의 수행과 행복 정도는 별로 관련이 없어 보인다. 다시 말해, 이곳 사람들과 마음의 수행은 관련이 없다. 이곳 사람들은 그저 행복함으로 살기 때문이다.

세상에서 가장 행복한 사람들로 여겨지는 사모아 사람들이 행복할 수 있었던 원인은 마음의 수행과 관련이 없고, 경쟁이 없는 사회, 욕심이 없는 사회, 미래에 대한 불안

이 없는 사회에 살고 있기 때문이다. 그들이 세상에서 가장 행복할 수 있었던 여러 원인 중에 하나는 주어진 삶을 그대로 받아들이고 그 속에서 아름다움과 즐거움을 맛보고 누릴 줄 아는 능력 때문이다.

그들은 바로 'Don't worry, Be happy'란 말을 만들어 낸 주인공이기도 하다. 그들의 삶을 오랫동안 관찰하고 함께 살았던 작가 로버트 루이스 스티븐슨은 사모아를 '행복의 섬'이라고 불렀고 그보다 일찍 그곳에 입성한 서양 선교사들은 한결 같이 그들을 '부러울 정도로 행복에 안겨 사는 건강한 이방인들'이라고 소개했다.

그들의 삶 어디를 보아도 마음의 수행이나 고행을 한 흔적은 도저히 찾아볼 수 없는 듯하다. 그저 행복함으로 행복을 누리며 행복하게 사는 것이다. 즉, 그들의 삶은 행복 그 자체인 듯 보인다. 바로 이것이 소유가 아닌 존재를 통한 행복이다.

행복한 사람은 아무것도 없어도 감사할 수 있다.

행복한 사람은 실패 앞에서도 감사할 줄 아는 사람이다. 그만큼 행복한 사람들은 감사하는 데에 탁월한 능력(?)의 소유자들이다. 행복한 사람들이 감사를 잘하는 것처럼, 또한 감사하기 때문에, 그들은 더욱더 행복한 사람이 된다. 그래서 행복한 사람은 모두 감사할 줄 아는 사람이다. 닭이 먼저일까? 달걀이 먼저일까? 마찬가지로 감사하기 때문에 행복한 사람이 될 수 있었는지, 아니면 행복하니까 감사할 수 있는 마음과 여유가 생겼는지 알 수 없다. 하지만 분명한 것은 행복한 사람은 감사할 수 있는 여건이 없어도, 즉 불행한 삶 속에서도 의연하게 감사할 수 있다는 사실이다.

이에 대해 영국의 찰스 스펄전은 다음과 같이 말했다.

“불행할 때 감사하면 불행이 끝이 나고 형통할 때 감사하면 형통이 연장된다. 촛불을 보고 감사하면 전등을 주시고 전등을 보고 감사하면 달빛을 주시고 달빛을 보고 감사하면 햇빛을 주시고 햇빛을 보고 감사하면 밝은 천국을 주신다.”

또한 탈무드에는 이러한 말이 있다.

“다리가 하나 잘린 사람은 다리가 두 개 잘리지 않은 것을 감사하고, 다리가 두 개 잘린 사람은 목이 잘리지 않았음을 감사하고, 목이 잘린 사람은 더 이상 감사할지, 불평할지 생각하지 못하기 때문에 상관없다.”

많은 사람이 감사할 조건으로 거창하고 확실한 것을 원하는 경향이 있다. 하지만 우리의 일상과 우리의 삶 자체가 감사의 조건으로 가득 차 있다는 사실을 발견할 필요가 있다. 아침에 일어나 누리는 신선한 공기와 새로운 하루의 시작 역시 감사하고도 남을 조건이 아닌가? 특별한 사고나 사건이 없이 일상을 살아갈 수 있는 기쁨도 감사하고도 남을 조건이 아닌가?

행복한 사람은 아무것도 없어도 감사할 줄 아는 사람이고 그로 인해 세상은 더 좋은 것으로 되돌려주게 되어 있다. 이것이 자연의 작용과 반작용 법칙이다.

‘우리가 세상을 향해 무엇을 주건, 그와 동일한 종류의 것을 반드시 되돌려 받게 되어 있다.’

힘껏 벽을 밀면 힘을 준 만큼 동일한 힘으로 뒤로 밀려나게 되어 있다. 마찬가지로 우리가 누군가에게 불평하고 험담하게 되면 그와 동일한 나쁜 것들을 고스란히 되돌려 받게 되어 있다. 이것이 자연의 법칙이다. 상대방에게 칭찬과 감사를 하게 되면 그와 비슷한 것들로 고스란히 되돌려 받게 되어 있다.

거실에 있는 화초에게 ‘감사와 칭찬’을 해보라. 거실의 화초는 더욱더 싱싱하게 자라주고, 더욱더 맑은 공기를 만들어 주고, 더욱더 푸른색으로 우리에게 보답한다. 하지만 이와 반대로 ‘악마와 저주’라는 말을 화초에게 해보라. 거실의 화초는 곧 시들어버리게 되어 녹음과 신선한 공기를 더 이상 되돌려주지 않는다.

이것은 세상의 모든 만물에 동일하게 적용된다. 우리가 마시는 물도 그렇다. 우리가 마시는 물을 향해 감사와 칭찬을 하면 그 물은 우리에게 세상에서 가장 맛있는 물로 변하여 우리에게 보답한다. 감사와 칭찬이라는 말을 들은 물은 자신의 결정구조를 가장 맛있는 육각수로 변하게 한다. 이와 반대로 우리가 악마나 저주, 비난을 하게 되면 동일한 물일지라도 악마의 모습처럼 시커멓게 변해서 세상에서 가장 맛없는 물로 변한다.

우리가 세상의 모든 만물과 모든 사람에게 감사를 하고 감사하는 마음을 가지게 되면 이 세상과 모든 사람은 좋은 것들로 우리에게 보답하게 되어 있다. 그래서 행복할 수밖에 없다.

이것은 소우주라고 불리는 우리 몸과 마음, 뇌에도 그대로 적용되는 원칙이다. 그래서 감사하고 기뻐하면 몸과 마음과 뇌는 우리보다 먼저 그것을 알아차리고 가장 건강하고 활기차게 기능을 하는 것이다. 그래서 병도 안 걸리고 설사 걸렸다 해도 금방 회복되고 치료된다.

성공학의 거장인 지그 지글러는 저서 중 하나인 '시도하지 않으면 아무것도 할 수 없다' 에서 이 같은 사실을 잘 설명하고 있다.

'감사하는 마음은 당신을 건강하고 행복하게 만듭니다. 그리고 당신의 인생관을 변화시킵니다. 감사하는 마음을 가진 사람은 낙천적으로 세상을 바라보며 어떤 상황에서도 기회를 포착하고 그것을 통해 성공의 사다리를 오릅니다.'

그의 말은 감사하는 마음이 사람을 행복하게 만든다는 결론을 내고 있다.

감사의 마음은 자족(自足)할 줄 아는 마음에서 비롯된다. 자족할 줄 아는 사람들은 세상을 다 가진 자들보다 더 행복할 수 있다. 왜냐하면, 세상을 다 가진 사람은 존재하지 않지만 자족할 줄 아는 사람은 존재하기 때문이다. 존재하지 않는 것보다 더 위대한 것은 존재하는 것이다. 그 존재가 바람직한 상태라면 더욱 더 그렇다. 세상을 다 가진다 해도 만족할 줄 모르는 사람은 여전히 만족하지 못한 채로 존재하기 때문이다.

19세기 영국의 수상 윌리엄 글래드스톤은 이러한 사실을 잘 알고 있었다.

“지금 가진 것과 스스로에 대한 행복을 느껴라. 소유와 삶 모두에 너그러워지면 얼마든지 가능한 일이다. 행복을 찾으려 멀리 사냥을 떠날 일도 없어진다.”

유대인들의 탈무드에는 이런 말도 있다.

‘세상에서 가장 지혜로운 사람은 배우는 사람이고 세상에서 가장 행복한 사람은 감사하며 사는 사람이다.’

이 말은 아무리 강조해도 지나치지 않다. 행복한 사람들은 아무것도 없어도, 아무 일도 이룬 것이 없다 해도, 심지어 실패를 해도 감사하는 사람들이고 그러한 행동을 통해 더 행복해지는 사람들이다. 스위스의 사상가이며 법률가인 칼 힐티는 자신의 저서인 ‘행복론’에서 행복의 조건으로 감사를 최우선으로 꼽았다.

'감사하라, 그러면 젊어진다. 감사하라, 그러면 발전이 있다. 감사하라, 그러면 기쁨이 있다.'

여기에 한 가지를 더 추가하자면 '감사하라, 그러면 행복이 있다.' 라는 것이다. 작은 것에 감사하면 큰 것을 얻을 수 있고, 부족할 때 감사하면 넘침이 있을 수 있고, 고통 중에 감사하면 고통이 사라질 수 있고, 가진 것에 감사하면 더 많이 누릴 수 있게 되고, 불행 중에 감사하면 행복하게 살 수 있다.

행복이란 일상 속에 있기 때문에 우리가 손을 내밀면 얼마든지 닿을 수 있지만 아무나 행복을 찾을 수는 없다. 그것은 오직 감사하며 살아가는 사람만이 발견할 수 있고 누릴 수 있다. 왜냐하면, 감사하며 살아가는 사람만이 '이미 가진 것으로 충분함을 깨달은 사람' 이기 때문이다. 하지만 감사할 줄 모르는 사람은 아무리 많은 부와 권력과 명성을 얻었다 해도 충분함을 깨닫지 못한 사람이기 때문에 어떠한 기쁨도 느낄 수 없다. 그렇게 되면 행복은 더욱 더 숨게 되는 것이다.

감사는 빛과 같아서 빛이 있는 곳에는 슬픔과 불행과 같은 어둠이 침범할 수 없다. 그리고 감사라는 빛이 자신의 주위를 환하게 비치게 될 때 보이지 않았던 행복이 명확하게 보이게 된다. 바로 이것이 감사의 위력이다.

"우리는 이미 가진 것에 대해서는 좀처럼 생각하지 않고 언제나 없는 것만 생각한다."

쇼펜하우어의 말처럼 우리는 언제나 없는 것만 생각하기 때문에 감사할 수가 없는 것이다. 그리고 감사가 없기 때문에 만족이 없고, 행복할 수 없게 되는 것이다. 만약에 우리가 이미 가진 것에 대해 생각하고 그것을 감사 할 수 있다면 우리는 행복해질 수 있다. 그래서 행복한 사람들이 전부 다 감사하는 것은 아니지만 감사하는 사람들은 모두 다 행복한 사람인 것이다.

성경 말씀에도 '범사에 감사하라.' 라는 말이 있다. 그러므로 좋은 일에만 감사하는 것이 아니라 나쁜 일조차도 감사할 수 있어야 한다. 감사는 우리의 마음을 넉넉하게 하고, 긍정적으로 사물을 바라보게 하고, 모든 일을 좋게 생각하게 한다. 그리고 감사한 만큼 보답을 받게 된다. 이것이 감사의 위력이다.

Epilogue / 행복으로 성공을 꿈꾸는 이들에게

이 책을 통해 우리는 무엇보다 중요한 사실, 즉 행복한 사람이 결국에는 성공도 하게 된다는 사실을 발견했다. 그리고 이제 우리는 그러한 사실을 이론적으로 아는 것에 끝나서는 안 된다. 그것을 실천해야 한다. 그러한 실천을 위해 이 책이 제시하는 방법들은 여러 가지이다. 수많은 심리학자는 운동, 긴장완화, 명상, 요가, 일에 대한 몰입, 건전한 인간관계 등을 행복해지기 위한 직접적, 또는 간접적 방법이라고 말하고 있다. 그러나 행복해지기 위한 방법은 그냥 행복해하는 것이다. 즉, Just be happy! 그냥 행복해하라. 그렇게 행복해하는 것으로 인해 일에 몰입을 더 잘 할 수 있고, 운동을 즐길 수 있고, 긴장이 완화될 수 있고, 좋은 인간관계를 맺을 수 있고, 유지할 수 있다.

'행복은 이제 인생 최대의 목표가 아니다. 인생 최대의 삶의 도구이며 처세여야 한다.'

이것이 인류가 새롭게 선택해야 할 새로운 행복론이며 새로운 행복 패러다임이다.

독자들이여, Just be happy! 그냥 행복해하라!

이것이 행복의 최고의 비결이다. 그리고 이것은 성공의 최고의 비결이기도 하다는 사실을 잊지 말라.

독자들이여, 오늘 행복해야 내일도 행복할 수 있고 오늘 행복해야 내일 성공할 수 있음을 명심하자.

신경생물학적 연구 결과 행복의 주재료는 사랑이라고 한다. 그래서 사랑을 받고 자란 아이들이 그렇지 못한 아이들보다 훨씬 더 공부도 잘 하고 더 건강하다는 연구결과가 나오고 있고 사랑을 받고 인정을 받는 직원들이 그렇지 못한 직원들보다 훨씬 더 업무성과가 탁월하다는 연구 결과도 쏟아지고 있다.

이러한 현상들이 모두 사랑의 힘이다. 그리고 그 사랑이라는 하나의 씨앗이 열매를 맺어 우리 삶에 나타나는 것이 바로 행복이다. 그러므로 서로 사랑하는 것이 가장 큰 행복이고 이것을 위해 어떠한 부와 성공도 필요하지 않다. 지금, 이 순간 사랑을 하지 않는 사람은 내일은 하기가 더 힘들어지게 된다. 사랑의 결과인 행복 또한 성공적인 인생의 씨앗과 같은 것이다. 그러므로 오늘 행복하게 살지 않는 사람은 내일은 행복하게 살기가 더 힘들어진다. 인간은 쉽게 습관의 노예가 되기 때문이다.

작은 것에 감사하고 일상에서 사랑을 실천하는 사람은 결국에는 큰 행복도 누리면서 살 수 있게 된다. 그것이 씨앗의 힘이다. 오늘의 행복은 오늘로써 끝나는 것이 아니라 내일의 행복 씨앗이 된다는 사실을 명심하자. 그것만으로 끝나는 것이 아니라 성공적인 삶의 기초와 토대가 된다는 사실도 명심하자. 그래서 우리는 행복하게 살아야 한다.

그리스의 유명한 스토아학파의 철인인 에픽테토스는 다음과 같은 말을 했다.

“나는 죽어야 한다. 하지만 그렇다고 해서 내가 슬퍼하며 죽어야 하겠는가? 나는 사슬에 묶여야 한다. 그렇다고 비탄에 젖어야 하는가? 나는 추방당해야 한다. 그렇다 해도 즐거워하고 만족스러워하면서 갈 수는 없는 것일까? 누군가 당신을 감옥에 가둔다고 할 때 당신은 뭐라고 말할 것인가? 당신은 내 몸을 감옥에 가둘 수 있지만 나의 정신은 제우스라도 억압할 수 없다.”

그의 말처럼 우리의 정신은 제우스라도 억압할 수 없어서 어떠한 조건에서도 행복을 선택할 수 있다. 그리고 행복을 기다릴 필요가 없다. 마음만 먹으면 행복은 우리에게 찾아오기 때문이다.

더 나은 상황이 될 때까지, 더 나은 출세를 할 때까지, 더 나은 입신을 할 때까지, 행복을 기다리며 미룰 필요가 없다. 절대 행복을 미루지 말라.

“바로 지금, 이 순간 Right now, 단지 그대는 행복하라. 그러면 성공이 찾아올 것이다. Just be happy and score a success.”

이것이 독자들에게 전해주고 싶은 유일한 당부의 말이다.

판권

초판 인쇄: 2025년 12월 10일
초판 발행: 2025년 12월 10일

발행인: 김병완
발행처: (주) 플랫폼연구소

출판등록: 제 2020-000075호

이메일: pflab2020@naver.com

주소:서울시 강남구 삼성동 116 백우빌딩 402호

ISBN 979-11-24195-17-8(03190)